王翦

助秦一统天下的执行者

竹逸 著

辽宁人民出版社

© 竹逸　2025

图书在版编目（CIP）数据

工剪：助秦一统天下的执行者 / 竹逸著. -- 沈阳：辽宁人民出版社，2025.6. -- ISBN 978-7-205-11498-5

Ⅰ．K825.2

中国国家版本馆 CIP 数据核字第 2025FZ8231 号

出版发行：辽宁人民出版社
地　址：沈阳市和平区十一纬路 25 号　邮编：110003
电　话：024-23284191（发行部）　024-23284304（办公室）
http://www.lnpph.com.cn

印　　　刷：河北朗祥印刷有限公司
幅面尺寸：145mm×210mm
印　　张：8
字　　数：158 千字
出版时间：2025 年 6 月第 1 版
印刷时间：2025 年 6 月第 1 次印刷
责任编辑：赵维宁
助理编辑：金美琦
封面设计：乐　翁
版式设计：一诺设计
责任校对：吴艳杰
书　　号：ISBN 978-7-205-11498-5
定　　价：39.80 元

序　言

在中华文明漫长的历史发展进程中，英雄豪杰灿若繁星，总有一些人物如同璀璨的星辰，穿越时空的长河，照亮后人的道路。

王翦作为秦始皇统一六国的执行者之一，他的名字虽不如秦始皇、汉武帝等帝王那般家喻户晓，但在秦朝统一六国的宏伟篇章里，王翦以其卓越的军事才能和深邃的政治智慧，书写了属于自己的辉煌一页，对后世产生了深远的影响。

今天，当我们再次翻开历史的篇章，试图走进这位古代军事家的内心世界，探寻他的智慧与风采时，一部关于王翦的传记便应运而生。

王翦出生于频阳东乡（今陕西富平），自幼便对兵法有着浓厚的兴趣与天赋。在战国那个诸侯割据、战乱频仍的时代，这样的天赋无疑为他日后的辉煌奠定了基础。尽管关于他早年生活的具体细节已难以考证，但可以想象，在那个军事氛围浓厚的时代，王翦的成长必然伴随着严格的军事训练与深厚的文化熏陶，这些经历塑造了他坚韧不拔的性格和敏锐的战略眼光。

王翦的军事生涯，是秦国走向强大并最终实现统一六国的关键篇章。他参与的每一场战役，不仅仅是武力的较量，更是智慧与策略的博弈。王翦善于分析敌我形势，能够精准把握战争的节奏与方向，他的战术运用灵活多变，总能根据战场实际情况作出最佳决策。无论是面对强敌还是弱旅，王翦都能保持冷静与克制，以最小的代价取得最大的胜利。这种对战争的精准掌控，是王翦独特的军事才能。

当然，王翦的军事才能不仅仅体现在战场上的英勇和智谋，还体现在他对战争本质的深刻理解。在那个以武力征服为主的时代，王翦却能够深刻认识到战争的残酷与对人民的伤害。因此，在军事行动中，他总是力求以最小的损失换取最大的胜利，尽可能减少无辜百姓的伤亡。

这种以人为本的军事思想，在当时是极为难能可贵的。

在政治上，王翦同样展现出非凡的智慧与远见。他懂得如何在复杂的政治斗争中保持自己的立场与原则，这种政治智慧不仅使他成为一位杰出的军事将领，更成为一位深受秦王信赖的重臣。

尽管王翦的历史地位如此显赫，关于他的研究却相对匮乏。在古代文献中，关于王翦的记载并不多见，这无疑给王翦研究带来了一定的困难。但正是这种困难，才能激发探索的热情。通过对现有资料的深入挖掘和分析，本书试图还原一个真实、立体的王翦。

王翦的一生，辉煌与艰辛并存。他的辉煌，体现在战场上的英勇与智谋和政治上的智慧与远见；而他的艰辛，则隐藏在那些不为人知的历史背后，是他对战争的深刻反思、是他在功成中的急流勇退。他的形象，既是历史的塑造，也是个人努力的结果。

本书的写作目的在于，通过对王翦生平的详细叙述，揭示他的历史地位和作用，同时也试图探讨他的思想和行为对后世的影响。希望读者在阅读这部传记的过程中，能够感受到历史的厚重和人性的复杂。

通过对王翦生平的梳理，可以进一步理解秦朝的历史背景和社会环境，也能够更加深刻地认识到个人在历史进程中的作用。王翦的故事，不仅仅是一个将领的传奇，更是一个时代的缩影，它能让我们从中汲取智慧和启示，为今天的社会发展提供参考和借鉴。

竹逸

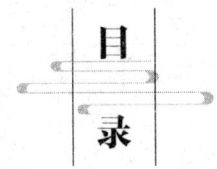

序 言	001
第一章　无法抽离——王翦所处的历史背景	001
第二章　波折重重——内部动荡带来的不确定性	017
第三章　锋芒毕露——王翦军威凸显，迎战劲敌	039
第四章　战国棋局——局势的变幻莫测	055
第五章　精妙战略——智破赵国	073
第六章　螳臂当车——燕国的徒劳刺秦	079
第七章　摧枯拉朽——王翦攻燕的迅猛	097
第八章　父子双雄——王贲灭魏的壮举	109

第九章　谋略较量——王翦与李信楚战策略之争　　121

第十章　自食其果——李信的轻敌与秦王的应对　　133

第十一章　心照不宣——王翦与秦王的默契　　145

第十二章　铁骑雄师——王翦统率六十万大军　　155

第十三章　功成身退——王翦为秦王的最后谋划　　177

第十四章　风起云涌——秦二世时期的动荡　　201

第十五章　民怨沸腾——压迫下的民众反抗　　215

第十六章　生不逢时——王翦孙辈乱世的悲剧　　231

王翦年表　　245

后　记　　247

第一章 无法抽离——王翚所处的历史背景

在战国末年那风云变幻、英雄辈出的时代，秦国如同一头沉睡的雄狮，蓄势待发，准备震撼整个华夏大地。在这个历史时刻，有一位出身名将世家的青年，正悄然成长。他便是王翦，一个即将在历史长河中留下深刻印记的名字。

王翦出生于频阳东乡，他的家族世代都是秦国的将领，血液中流淌着对武艺和战略的热爱。王翦自幼便耳濡目染于父辈们的英勇事迹与沙场智慧，因而形成后期超乎常人的军事才能与深沉如海的战略眼光。在那个弱肉强食的年代，王翦就像是一块被精心雕琢的璞玉，等待着让他闪耀光芒的时代。

彼时的秦王政，还未到亲自执掌国政的年龄，秦国的实际权力落在了相国吕不韦的手中。朝堂之上，暗流涌动，各方势力明争暗斗。而身处其中的王翦，亦不能独善其身。

王翦早期的生活经历，就像一幅宏伟的历史画卷，既承载着家族的荣耀和期望，也预示着他个人非凡的未来。在秦王政还未亲政的这段时间，王翦就像一条潜藏在深渊中的龙，默默地积累力量，等待命运的召唤。当历史的车轮驶向那条注定属于他的轨迹时，王翦将凭借他的智慧和勇气，谱写出一段英雄传奇。

第一章　无法抽离——王翦所处的历史背景

在了解王翦之前，我们不妨先了解一下他生活的历史背景。因为这段历史不仅是王翦个人的奋斗史，更是秦国最终实现一统天下的壮丽史诗的开篇。在这一切的开端，王翦正站在命运的转折点上，准备迎接属于他的辉煌篇章。

秦庄襄王三年（前247）五月，秦庄襄王去世，享年仅35岁。随之嬴政登基，史称秦王政。

在那个时期，秦国的君主往往在位时间不长，秦庄襄王也不例外，他的统治时间只有3年。尽管时间短暂，但秦庄襄王在推动秦国的政治发展和扩大疆土方面都取得了一定成就，他的贡献是值得肯定的。

《史记·秦始皇本纪》中曾详细地记载："庄襄王死，政代立为秦王。当是之时，秦地已并巴、蜀、汉中，越宛有郢，置南郡矣；北收上郡以东，有河东、太原、上党郡；东至荥阳，灭二周，置三川郡。"

从记载的内容可以得知，当秦王政成为秦国的君主时，秦国已经成功将巴、蜀和汉中地区纳入版图，越过宛地攻克了郢都，随后设立了南郡；向北扩展至上郡以东，增设了河东、太原、上党等郡；向东到达荥阳，随着东周和西周的灭亡，三川郡随之建立。这些行动展现了秦国在对外征战中的连续胜利，随着领土不断扩张和国力逐渐增强，秦国国内形势也日益稳定。

然而，秦王政即位时年仅13岁，还未到成年的年纪，无法独立掌握国家大权，因此政权暂时由太后和朝中大臣代为管理。

在他从孩童成长为青年的年月里，政权实际上被野心家吕不韦所控制。

秦庄襄王元年（前249），秦庄襄王登基之时，吕不韦的政治生涯达到了顶峰。吕不韦凭借他所谋划的"奇货可居"，即通过投资有潜力的王位继承人来获取政治影响力，最终取得了成功。吕不韦的声望和权力在这一时期达到巅峰，他不仅在政治上获得极高的地位，在经济上也获得了巨大的财富，成为当时秦国最有权势的人物之一。

据史料记载，秦庄襄王去世后，秦王政承袭父志，以表对吕不韦之尊崇，特以"仲父"相称。

回顾春秋时代，齐国曾一度在众诸侯国中占据霸主地位，齐桓公极其尊崇齐国宰相管仲，甚至尊称他为"仲父"。从那时起，"仲父"这个称谓便成为对那些辅助国家有力、地位显赫的大臣的最高尊称，一直流传到后世。

秦王政对吕不韦的尊崇之情，自然也使吕不韦竭忠尽智地辅佐他，秦王政因此获益匪浅。

在赵国生活期间，秦王政对书籍产生了浓厚的兴趣。回到秦国后，他对知识的渴望变得更加强烈。据说，为了满足秦王政的学习愿望，吕不韦从各国寻找并聘请杰出的人才来教育秦王政。同时，吕不韦也顺应当时流行的养士风气，广泛招募门客，一旦发现有才能的人，就会竭尽全力推荐给秦王政。此举不仅极大地扩展了秦王政的知识储备，还帮助他在识别和使用

第一章　无法抽离——王翦所处的历史背景

人才方面取得了显著的进步。秦王政后来在治理国家时所展现出的慧眼识才、任人唯贤之能，正是在这一时期打下的基础。

吕不韦不仅专注于培养秦王政的学识，还努力激发他在逆境中发挥创新能力的潜力。创造力，这一人类独有的综合性能力，涵盖了新思想的孕育与新事物的创生。在秦王政那个时代，"创造力"虽尚无明确称谓，但其重要性已初露端倪。

回溯至秦庄襄王初登王位之时，他和吕不韦在宫中讨论国家大事。此时，吕不韦命人呈献一幅竹简，其上赫然画着九尊大鼎。这九个鼎据说是大禹根据当时的九州铸造的，代表至高无上的权力和国家的统一。夏、商、周三个朝代都将其视为国宝，拥有这九鼎的人就能统治四方，威震天下。

当时年少的秦王政也在场。吕不韦明说九鼎，实则暗指要消灭东周以夺取天下。秦庄襄王听了这个想法，非常向往。不久之后，吕不韦就率领军队向东进攻，大败东周，结束了它的统治。

至此，绵延近800年的周王朝，终告覆灭，历史的车轮滚滚向前，翻开了新的一页。

关于传说中的九鼎，历史上流传着许多神秘而吸引人的故事。自从夏朝灭亡后，代表着王权的九鼎就被转移到了商朝的首都亳邑。根据《左传·臧哀伯谏纳郜鼎》的记载，等到周武王战胜商纣王后，九鼎再次被迁移，这次被搬到雒邑，成为周王朝权力的象征。但是，随着战国时期的战火纷飞，秦国灭周后，九鼎的命运也再次发生了变化。

至于九鼎的下落，后世流传着两种截然不同的说法。一种说法是秦军在运送九鼎的过程中遇到意外，其中一个鼎不慎掉入泗水，从此消失不见，而剩下的八个鼎虽然被运到了咸阳，之后却失去了消息，仿佛被历史的尘埃所埋没。《史记·秦始皇本纪》中也有类似的记载，提到秦始皇东巡回来时，曾在彭城举行斋戒祈祷，试图从泗水中打捞出周朝的鼎。另一种说法更加戏剧化：吕不韦攻入洛阳后，四处寻找九鼎，却发现东周已经将九鼎熔化，只留下一段传奇故事供后人想象。

然而，对于吕不韦而言，九鼎的实际去向并不重要。他只希望通过这一系列行动，向秦王政传达一个道理：世间万物的变迁，皆源于人的思想与行动。只要心中有理想，脚下便有路，天下大事亦可如掌中之物，任意挥洒。这便是吕不韦对创造力的独特理解。

《史记·秦始皇本纪》中曾记："王年少，初即位，委国事大臣。"这句话揭示了秦王政即位初期，由于年纪尚小，无法亲自处理国政，因此将国家大事委托给大臣们的历史背景。由此推断，在这个时期，秦国的政治运作实际上是以吕不韦为中心，加上一群有才能的官员共同构建了秦国的政治基础。其中，像蒙骜、王龁、麃公、王翦等军事将领，因为在战争中的表现优异，深受秦王政的信任，因此掌握着军队的指挥权。

在内政方面，昌平君与昌文君两位重臣，以其楚国公子的

第一章　无法抽离——王翦所处的历史背景

身份，在秦国政坛上扮演着举足轻重的角色。他们与吕不韦一起，共同应对秦国内政的复杂局面。

尽管秦王政年少即位，秦国却并未因此陷入内乱，反而在众臣的协力下，政权稳固，国家运作井然有序，实乃历史之幸事。但是，在看似平静的政治表面下，实则暗流涌动，各种势力交织纠葛，这也为秦国的未来埋下了许多不确定性。

秦王政五年（前242），历史上演了一幕精彩的外交智胜，主角是秦国使臣成蟜（又称盛桥）。这次出使韩国，成蟜没有动用一兵一卒，就成功促使韩国自愿割让百里领土给秦国。

这一事件在《战国策·秦四》和《史记·春申君列传》中都有简要记载："今王三使盛桥守事于韩，成桥以北入燕，是王不用甲，不伸威，而出百里之地，王可谓能矣。""今王使盛桥守事于韩，盛桥以其地入秦，是王不用甲，不信威，而得百里之地。"

关于成蟜此行的具体策略、谈判细节以及韩国割地的深层原因，史书并没有详细记载，仅留下这一传奇故事，偶尔在后世使节与秦王政的闲谈中被提及，颇有几分神秘色彩。

功成归来，成蟜因其卓越贡献被秦王政赐予厚赏，册封为长安君。

在秦国领土扩张中，成蟜未动用武力便使韩国割让土地给秦国，这无疑笼罩在一层由夏太后与韩夫人精心编织的幕后助力网之下。这两位出身韩国显赫家族的贵妇，与韩国王室血脉相连，其影响力不容小觑。

在秦王政即位初期，成蟜默默无闻，关于他的史书记录非常稀少，只在少数人的谈话中偶尔被提及。这说明成蟜在秦国政治中的地位逐渐被边缘化，或者他没有得到足够的机会来展示自己的才能。

于是，夏太后和韩夫人凭借他们强大的家族势力和广泛的人脉网络，精心策划并安排成蟜出使韩国。虽然具体的策略不甚清晰，但最终的成果是显而易见的：韩国不得不割让土地。此番运作，很可能是两位贵妇为成蟜量身打造的一条政治上升通道。

成蟜被封为长安君，这只是夏太后和韩夫人为他谋划的第一步。这场看似顺利的外交胜利，实际上成为了秦国内斗的导火索。

秦王政六年（前241），楚考烈王在秦国持续的压迫下，内心积累的反抗意志终于被激发。他决定展现楚国久违的勇武精神，让秦国见识到荆楚之地的坚韧与力量。然而，楚国虽然有抵抗的意愿，实力上却难以独自支撑。因此，楚考烈王积极采取外交策略，向其他国家发出了联合抗秦的邀请。

楚国的这一邀约，如同平地惊雷，令各国措手不及，震惊之余，也赢得了不少敬佩。自从吕不韦掌管秦政以来，秦国的国力日益强盛，对周边国家构成了巨大的威胁。面对秦国的威胁，各国多选择隐忍退让，不敢轻举妄动。楚考烈王此举，无疑彰显了其雄起之心，亦激发了各国内心深处的抗争精神。于是各国纷纷响应其号召，共同抗秦。

在这样的背景下，以楚国为盟主，由韩、魏、赵、卫、楚五国组成的联军迅速集结，在楚相春申君的领导下，气势磅礴地向秦国边境进发，一场抗秦之战就此拉开序幕。

当秦王政和吕不韦得知五国联军正大举逼近秦国边境的消息时，他们并没有表现出任何的惊慌。秦王政虽然未曾亲自上过战场，但在赵国的动荡时期已经目睹了战争的残酷，他没有像孩子一样向吕不韦寻求保护，而是以一种超乎寻常的冷静，认真听取吕不韦的战略部署。经过一番精心策划，吕不韦随即命令函谷关的秦军采取主动，正面迎战五国联军。

函谷关的守军在接到命令后，迅速大开城门，准备出击。而当秦军以雷霆万钧之势准备展开攻势时，五国联军已经被秦军的威势所吓倒，自知难以匹敌，于是纷纷溃败，争相逃命。

这一情景，无疑显示了各国对秦国强烈的畏惧，这种恐惧已经像疾病一样深深根植于他们的心中，且已病入膏肓，难以自拔。五国联军的不战而溃，不仅彰显出秦军的强大实力，也为秦王政后续吞并各国的宏图大志注入了坚定的信心。

然而，五国联军对秦国的进攻事件并没有就此结束，秦国自然不会错过这个能够进一步巩固其霸权地位并警告其他各国的机会。经过周密计划，秦国发动了针对楚国的军事反击。在这场实力悬殊的对抗中，楚国最终因为力量不足，被迫选择了迁都，以此来避开秦国的锋芒。

紧接着，秦国又将报复目标转向了魏国。在秦军强大的军事威慑之下，魏国无奈选择了屈服，不仅低头认错，还割让领土以求和平。至于卫国，在秦国出兵之前，就主动献上土地，希望能够平息秦国的怒火，避免受到更严重的打击。

五国联军的不战而溃，实际上揭示了一个残酷的事实：在当时，几乎没有任何一个国家能够单独与秦国抗衡。这一现象不仅反映出秦国军事力量的强大，也预示着秦国离实现统一六国的宏伟目标又迈出了坚实的一步。

秦王政七年（前240），一个关键的历史时刻到来——夏太后去世，这一事件不仅在秦国宫廷内部引起了巨大的震动，还从根本上改变了秦国的政治格局。夏太后、韩夫人和成蟜所构成的政治联盟，随着夏太后这个权力核心的去世，突然失去了坚实的保护伞，成蟜的命运也遭遇了前所未有的剧变。

夏太后的去世，使得韩系外戚的权力结构瞬间失去核心支柱，韩夫人和成蟜随之陷入孤立无援的境地，这个政治派系的衰落已经变得不可逆转。与此同时，秦国后宫的政治生态也发生了剧烈的变化，原来三足鼎立（夏太后、华阳太后、赵姬及其背后的外戚势力）的局面转变为华阳太后与赵姬两大势力的对峙。

在此之前，韩夫人之所以能与赵姬保持一种微妙的制衡，维持一种动态的平衡状态，很大程度上得益于夏太后的暗中扶

第一章　无法抽离——王翦所处的历史背景

持与策略性布局。现在，失去了夏太后这一关键后盾，韩夫人独木难支，其政治影响力急剧下降；反观赵姬，在摆脱了夏太后的制约后，她的势力范围迅速扩张，权力的天平开始明显倾斜。

秦王政八年（前239），秦王政与丞相吕不韦共同策划了一次针对赵国的军事行动。在挑选统帅这一环节上，吕不韦推荐成蟜担任这一重要角色。尽管秦王政对吕不韦推荐长安君背后的深层逻辑并不完全理解，但在当时吕不韦权势滔天、几乎一手遮天的背景下，秦王政亦不得不听从，于是采纳了吕不韦的建议。

关于此事，《史记·秦始皇本纪》中略有记载："彗星复见西方十六日。夏太后死。八年，王弟长安君成蟜将军击赵，反，死屯留，军吏皆斩死，迁其民于临洮。"也就是说，在夏太后离世的次年，长安君成蟜奉命率领军队对赵国发起进攻。然而，在屯留（今山西长治）地区，成蟜却萌生异心，发动了叛乱。这场叛乱中，他的部下将领遭到屠杀，而当地的居民则被强制迁移到了临洮（今甘肃岷县）地区。

寥寥数笔，却包含了丰富的历史信息，这场事件，后世称之为"成蟜之乱"。

颇为巧合的是，同年，韩国政坛亦经历了一场天翻地覆的变化——统治韩国长达34年的韩桓惠王突然去世，这一变故无疑使韩国的政治格局发生了根本性的改变。

从这一系列看似偶然实则紧密相连的历史事件中抽丝剥茧，我们不难推测，"成蟜之乱"很可能是由以赵姬为核心的政治集团精心策划的一场政治风波，目的是彻底削弱甚至消除以韩夫人和成蟜为代表的敌对势力。

在这场暗流涌动的宫廷斗争中，吕不韦作为一位深谙权谋之术的外来政客，扮演了一个非常关键且复杂的角色。他不仅有可能暗中助推事态发展，利用"成蟜之乱"作为契机，一举除去这个长期与他为敌的政治派系，借此机会在秦国朝堂上进一步巩固自己的地位，同时也能为赵姬与秦王政清除潜在的政治对手，实现双赢。

因此，"成蟜之乱"在某种程度上可以被视为是历史洪流中一个既定而又充满巧合的节点。

《史记·赵世家》中的简短记载"封长安君以饶"，像是一个历史书签，简洁地揭示了"成蟜之乱"后的又一重要转折。逃亡到赵国后，成蟜得到了赵悼襄王的庇护和封赏，被赐予饶地（今河北饶阳）作为封邑。这寥寥数字，坐实了成蟜叛乱的事实。

自此之后，成蟜便如流星般消逝于历史的苍穹之中，他突然的反叛、逃亡的路径以及在赵国的生活细节，都被时间的尘埃所掩盖，变成了永远的谜题。

"成蟜之乱"并不是表面上看起来的兄弟争斗、权力争夺那么简单，它背后隐藏着两个母亲及其所代表的外戚势力之间错

第一章 无法抽离——王翦所处的历史背景

综复杂的暗流涌动。这场内乱,无疑给年轻的秦王政带来了深刻的心理影响,成为他帝王生涯中一个不可忽视的转折点。

成蟜作为秦王政的异母弟弟,曾在秦庄襄王的庇护下,与兄长共度了一段温馨的时光。然而,随着两个母亲对权力的无尽追逐,兄弟情谊逐渐被权力的阴霾所笼罩,最终演变成水火不容的局面,家族危机一触即发。"成蟜之乱"不仅撕裂了秦王室的亲情纽带,更将秦国内部各政治势力的矛盾公开化、白热化,甚至引发了刀兵相见。

这种矛盾冲突的连锁反应就像蝴蝶效应一样,引发了历史的巨大变化。在这场权力的博弈中,只有一方能够最终获胜,而另一方则注定要被历史的洪流所淹没。

关于"成蟜之乱"的细枝末节,历史资料的记载确实不多,这使得我们无法全面掌握该事件的来龙去脉。不过,根据时间线推测,王翦可能也出现在了此次事件中。"成蟜之乱"后,秦王政对权力的控制更加严格,表现出更强的专制倾向和猜疑心态。从秦王政对王翦后来的信任程度来看,王翦很可能在平定"成蟜之乱"中发挥了积极作用,这也可能是他能够走进秦王政眼里的原因之一。

"成蟜之乱"的风波刚刚平息,秦国的内政恢复了表面上的平静,但实际上仍旧暗流涌动。此番动荡之后,秦王政不仅巩固了自己的统治地位,吕不韦也借此机会大大增强了在秦国政坛的影响力。随着成蟜及其背后的政治势力被彻底清除,秦国的政权几乎完全落入了吕不韦的掌控之中,即便是朝中其他资深的重臣,他们的话语权也无法与这位被尊称为"仲父"的权臣相提并论。

吕不韦因此志得意满,权力的膨胀使他在某些方面变得更加肆无忌惮,行事风格也更加张扬。然而,他未曾料到,自己此刻的所作所为,正如同在平静的湖面上投下了一颗石子,虽然暂时激起了层层涟漪,却也在不知不觉中埋下了未来命运转折的种子。

在历史的长河中,赵姬与吕不韦的关系,无疑是一段富有传奇色彩且令人浮想联翩的故事。在赵姬成为秦庄襄王王妃之前,她曾是吕不韦府中的一名舞姬,两人之间曾有过一段缠绵悱恻、旖旎多情的时光。然而,在吕不韦的权谋世界里,"女人"或许只是他政治棋局中的一枚棋子,而赵姬,也不过是其众多宠妾中的一位。因此,当秦庄襄王向吕不韦提出索要赵姬的要求时,吕不韦虽有一瞬的错愕,但随即便毫不犹豫地牺牲了赵姬的感情,将她作为政治献礼,转手送给了秦庄襄王。

随着赵姬进入秦国的王宫,她与吕不韦之间的那段情感似乎也随之结束了。然而,情感的火花并没有因此完全熄灭,它在赵姬的心底悄悄燃烧,等待合适的时机重新燃起。秦庄襄王的去世,无疑为这段未了的情感提供了新的机会,吕不韦与赵姬借此机会得以再续前缘。

历史文献对这段风流韵事有着非常微妙的记载:"秦王年少,

第一章 无法抽离——王翦所处的历史背景

太后时时窃私通吕不韦。"此言道出了赵姬与吕不韦之间旧情复燃的情况。二人成为了宫廷深处一对隐秘的情人,频繁地在深宫之中秘密相会,重温那段情感热烈、缠绵悱恻的往昔,赵姬也因此得到了身心的双重慰藉。

纵观历史,那些成为幼年君主母亲的情人的政治人物,往往都难以逃脱悲剧的结局。他们的行为,不仅触动了年幼君王的逆鳞,更是对王室尊严的公然冒犯,很可能面临身败名裂的悲惨结局,甚至整个家族的生死存亡都可能悬于一线。历史上,因为个人私欲而扰乱后宫,最终导致整个家族遭受灾难的例子屡见不鲜。一旦私情被揭露,他们不但会遭受政敌的猛烈攻击和打压,更不能忽视的是,来自秦王政的严厉惩罚会使他们陷入绝境。

赵姬与吕不韦的这段私情,还必须面对来自两位婆婆——华阳太后与夏太后的潜在责难。尤其在赵姬与吕不韦私通期间,夏太后尚未离世,这无疑为这段关系增添了更多的复杂性与危险性。可以想见,倘若此事被华阳太后与夏太后察觉,那么所引发的连锁反应将远远超出吕不韦与赵姬及其背后势力的控制范围,甚至秦王政也会被卷入其中,成为他人借机铲除的目标,从而引发一系列赵姬与吕不韦难以承受的严重后果。

吕不韦对于其中的利弊自然看得非常清楚。他与赵姬之间的情感纠葛,从理性的角度来看,显然是一段难以持久的关系。考虑到吕不韦显赫的地位,政务的繁忙几乎让他无暇分身,难以持续投入大量时间陪伴赵姬,这种情况无疑会逐渐引起赵姬的不满,从而埋下隐患。

更为棘手的是,随着时间的推移,秦王政日渐成长,他对于这类丑闻的敏感度和理解力也在不断提高。一旦此事东窗事发,落入秦王政耳中,其后果将不堪设想,甚至可能带来灾难性的打击。

在这样一个充满监视和潜在危险的环境中,吕不韦深刻意识到自己与赵姬之间的不正当关系无异于饮鸩止渴,有害无益。因此,他急需一个周密的策略,以期全身而退,尽快切断这段隐秘且不能公之于众的情感,从而确保自己的政治前途不受影响。

于是,吕不韦精心策划了一场旨在抽身而退的完美布局,力求在不损害自己声誉和地位的情况下,巧妙地解决这一棘手的问题。

吕不韦一方面在政治舞台上进一步巩固自己的地位,通过不断支持赵姬和秦王政作为维系并扩张自身权力的基石;另一方面,在个人情感的经纬线上,果断地策划了一场细腻而微妙的"断舍离",旨在彻底斩断与赵姬之间复杂的情感纠葛,以免私情成为绊脚石,影响他的政治生涯。吕不韦担心急转直下的情感断裂可能引发连锁反应,遂采取了一种更为圆滑且策略性的方法:寻找一个合适的替身,以接续并转移赵姬的情感焦点。

第二章 波折重重——内部动荡带来的不确定性

嫪毐，一个出身于赵国邯郸的普通人，偶然成为了吕不韦精心挑选的"情感接力者"。他虽然没有卓越的才智，也缺乏非凡的才能，但在历史的长河中，他因为与赵姬的一段风流韵事而留下了深刻的印记。若真要挖掘嫪毐身上的独特魅力，无法避开的是他那不凡的体魄，尤其是那令赵姬为之倾倒的腰肢，在她眼中，这种身体的魅力远远超过思想上的智慧，对她来说是一种无法抗拒的吸引力。

正如古语所云："同声相应，同气相求。"人与人之间，尤其是那些心灵相通、趣味相投的人，往往能在不经意间产生奇妙的共鸣。赵姬与嫪毐的相遇，就像一场精心编排的戏剧，不需要多说什么，仅仅一个眼神的交流，就足以点燃彼此间潜藏的火花，那是一种超越语言的默契、一种灵魂深处的相互认同和吸引，仿佛宇宙间无形的磁场，将他们紧紧相连。

吕不韦选择嫪毐，实际上是基于深思熟虑的策略和对心理的细腻洞察。首先，从地域情感的角度来看，嫪毐作为赵国人，与同样在异国他乡的赵姬之间自然存在着一种亲近感。这种基于共同地域背景的情感联系，无疑为缓解赵姬内心深处难以言

第二章　波折重重——内部动荡带来的不确定性

表的乡愁提供了土壤，从而促进了两人情感的迅速升温。

其次，吕不韦通过信息搜集，了解到嫪毐在生理上的特别能力，这对于身处深宫、情感空虚的赵姬来说具有难以抗拒的魅力。在那个权力与欲望交织的时代，嫪毐的"超能力"就像一剂强烈的催化剂，加快了他与赵姬之间情感纽带的形成，使得赵姬对其几乎关闭了所有的防御机制。

更为重要的是，吕不韦对嫪毐的身份背景与性格特质进行了全面而深入的评估。嫪毐作为吕不韦的门客，不仅出身低微，且性格中缺乏上进心与谋略，终日沉迷于风花雪月之中，这样的特质确保了即便嫪毐在赵姬身边得宠，也绝不会对吕不韦既有的权力结构构成任何实质性的威胁。这一点，正是吕不韦最为看重的，也是他决定举荐嫪毐的关键所在。

在权力博弈的棋盘上，权贵往往只有在确信所推荐的人无法动摇自己的权力基础时，才会毫无保留地给予支持和推荐。

人类的命运往往是由众多选择的交汇和冲突共同塑造的。当我们站在人生的十字路口时，选择的分量就显得特别沉重，尽管其正确性无法预知，只能让时间去证明。吕不韦在其之前人生的重大决策上已经完美收官，却未曾预料到，他在嫪毐这个选择上，竟是他精明一生中鲜有的失算。

从决定让嫪毐成为"情感接力者"的那一刻起，吕不韦就启动了一场精心策划的"引荐"行动。他巧妙地利用每一次与赵姬的接触机会，频繁提及嫪毐的名字，就像在宁静的湖面上轻轻投入一颗颗小石子，逐渐激起赵姬心中的涟漪。

《史记·吕不韦列传》中对此曾记载："吕不韦恐觉祸及己，乃私求大阴人嫪毐以为舍人，时纵倡乐，使毐以其阴关桐轮而行，令太后闻之，以啖太后。太后闻，果欲私得之。"吕不韦理解赵姬心中的所思所想，用她最关注的私密之事作为诱饵，悄无声息地将嫪毐推到赵姬的视线中心，成功地激发了赵姬难以抑制的好奇心和渴望，最终促使她主动要求将嫪毐纳入自己的生活圈。

然，世事难料。吕不韦此举为后续的发展埋下了伏笔，预示着一场由选择引发的命运波折即将上演。让人不禁感叹，即便是智者，在命运的洪流中，也难免有失算之时。

自古以来，王室对于后宫的防卫机制均展现出极高的严谨性，旨在通过严格的禁令，防止任何未经许可的男性踏入这一禁地，以此维护王室的尊严和秩序，避免丑闻的滋生。对于像吕不韦这样权谋深重的人物而言，这些禁令往往形同虚设，他能长期与赵姬保持私密的情感联系而未被发现，正是他高明手段的体现。

但是，当涉及嫪毐这一新角色时，由于其身份和地位的不同，吕不韦不得不采取更加复杂和巧妙的策略。

据历史文献记载，吕不韦首先策划了一场针对嫪毐的"罪名"构陷，使其看似因犯下某种罪行而面临宫刑的惩罚。紧接着，吕不韦私下向赵姬提出了一个计策，建议她可以利用这一

第二章 波折重重——内部动荡带来的不确定性

机会,通过贿赂负责执行刑罚的官员,让嫪毐假装受到惩罚,从而避免真正的刑罚,并让他顺利进入后宫。赵姬为了达成心愿,依计行事,用金钱买通了行刑人,使得嫪毐在经历了一场虚假的"刑罚"后,只是被拔去了胡须和眉毛,便以宦官的身份堂而皇之地进入了后宫,开始了与赵姬的秘密生活。

从嫪毐进入宫廷的那一刻起,赵姬似乎被一股强烈的情感风暴所席卷,她忘记了自己作为太后的尊贵身份,也忽视了秦王政,甚至她曾经的情感依托吕不韦,在她的心中也渐渐失去了分量。当然,对于吕不韦来说,这种情况是他乐于见到的,这意味着他避开了一场潜在的情感危机,还让他在权力的游戏中得以继续保持平衡。

然而,嫪毐受到的宠爱远不是吕不韦所能预料的简单情事,其影响就像一块小石头落入平静的湖面,引发了一连串的政治波动,最终在秦王政和他的母亲赵姬之间形成了前所未有的隔阂。嫪毐刚进宫不久,赵姬就有了身孕,这对于一个本应恪守寡妇身份的太后而言,无疑是一个巨大的震动。这不仅触动了公众舆论的敏感点,也可能成为那些企图破坏秦国政治稳定的人手中的把柄,给秦国的未来笼罩了一层不确定性的阴霾。

面对如此境地,寻常女子或许早已惊慌失措,赵姬却展现出超乎常人的冷静与决绝,她完全沉浸在与嫪毐的深情厚谊之中,无法自拔。据历史文献记载,赵姬为了保护她腹中的孩子,也为了能够和嫪毐长久相伴,精心策划了一场"身体不适"的戏码，特意请来了预先安排好的占卜师，得出需要搬迁以避凶的结论。借此机会，她名正言顺地带着嫪毐搬到了雍城的别宫居住。在那里，嫪毐始终陪伴在她身边，得到的赏赐极为丰厚，宫中的事务也全由他来决定。他家中仆人众多，达数千人，还有无数宾客争相成为他的门客，希望能够借助他的权势让自己也飞黄腾达。

雍城是秦国先祖的陵墓和宗庙所在地，承载着丰富的历史记忆，也是秦国的古都。它距离咸阳数百里，有着许多的离宫别馆，为赵姬和嫪毐提供了一个远离政治纷争的安静之地。在这里，他们共同建立了一个温馨的家，一个只属于他们的避风港，仿佛生活在世外桃源。在这个远离权力斗争的乐园里，赵姬和嫪毐尽情享受着自由和放纵，相继诞下两名子嗣。然而，在这段沉醉于爱河的时光里，赵姬几乎完全忘记了自己作为太后的身份和责任，忽略了远在咸阳、处于权力中心的秦王政。

赵姬对嫪毐的宠爱到了极致，不仅让他获得了丰富的物质回报，还使他迅速成为秦国数一数二的富翁。更引人注目的是，赵姬几乎把所有的决策权都交给了嫪毐，这吸引了超过千名来自各国的游士争相投靠他，希望得到他的庇护和提拔。嫪毐明白，金钱虽然能建立物质上的豪华，但只有权力才能带来永恒的荣耀，他对成为社会精英的渴望，已经超越了对金银财宝的追求。

嫪毐深谙官场规则，带着自己的政治梦想，依靠赵姬的宠爱,在秦国的政治舞台上悄然崛起,成为一股不容忽视的力量。他不仅积极参与国家大事,还运用自己独特的政治技巧,一度成为权倾朝野、深受信任的大臣,其影响力之大,可见一斑。

从以上种种可以看出,嫪毐非但未因这段非议颇多的关系而匿影藏形,反而堂而皇之地将离宫别馆当作自己的财产,用众多仆从展现出自己非凡的气派。他的言行举止,无一不透露出他并非那种自卑之人,而是擅长隐藏自己的锋芒,精于观察言辞、揣摩时势,总能准确抓住那些能推动他地位上升的机会,他的心机之深,令人瞠目。

嫪毐还模仿战国时期的四位著名公子,大开府门,公开邀请各国的游历之士。很快,他的府上就聚集了众多宾客,气势逼人。在某种程度上,此举为他的政治野心增添了一层文化的外衣。

《史记·秦始皇本纪》中有过这样一段简短的记载:"嫪毐封为长信侯。予之山阳地,令毐居之。宫室车马衣服苑囿驰猎恣毐。事无大小皆决于毐。又以河西太原郡更为毐国。"

从文中记载可以得知,在赵姬的无限宽容之下,嫪毐获得了与王室贵族相媲美的权力,他不仅可以自由使用王室的宫殿、马车、服饰、园林和狩猎场,还负责处理赵姬的家务和政务。在这种极度的宠爱下,嫪毐的地位迅速攀升。更甚的是,嫪毐被封为长信侯,并在山阳地区建立了自己的封地。这不仅仅是一种情感上的普通的宠幸,封侯赐地是会被记录在官方史册中的，这是一种国家的重大法令行为。

在秦国，爵位制度就像一个精确的衡量工具，用来衡量每个人的功绩和地位。自商鞅变法以来，爵位的授予严格按照军功的大小来决定，即便是皇室成员也不能例外，都必须在这个无形的标准下接受评价。军功成为获取高位和荣誉的唯一路径，必须有与之相匹配的卓越贡献，才能获得爵位的授予。

侯爵在秦国的爵位体系中占据着至高无上的地位，要在残酷的战争中累积足够的军功才能获得。一旦被封为侯爵，不仅意味着身份和地位的显著提升，还伴随着权力的提高和封地的授予，受封者能够建立自己的领地，享有封地内的一切权益。

在秦国的历史中，能够获得侯爵这一尊贵称号的人极为罕见，而且，每位被封侯的人的军事成就和封爵的原因都被史书详细记录，流传至今。但是，当我们审视嫪毐封爵这一事件时，却发现史料中的记载异常简洁，对于他为何能被封侯以及封侯的具体情况讳莫如深，只留下了几句简短的描述，引人遐想。

面对这一历史之谜，我们不得不依赖于合理的猜测和主观的解释。在许多历史学家看来，嫪毐能够成为侯爵，很可能是因为赵姬的偏爱和支持。在当时，秦国有许多在战场上立下赫赫战功的将领，而国内政治权力又紧握在吕不韦手中。无论是军事成就还是政治贡献，嫪毐都没有展现出与侯爵称号相称的显著功绩。

因此，他被封为长信侯，很大程度上是赵姬个人情感的私

第二章 波折重重——内部动荡带来的不确定性

下赠予。至于赵姬是如何说服秦王政和吕不韦，使得这一不同寻常的封赏得以实现，我们无从知晓。

这一事件，无疑加深了嫪毐在人们心中作为"男宠"的刻板印象。即便他或许是一个智谋深远、思想敏锐，甚至在某些方面展现出政治才能的人，但这些特质在公众舆论的洪流中，似乎都被其"男宠"的身份所掩盖，成为了一个难以抹去的标签。

在战国时期那个动荡的时代，太后于夫君逝世后豢养面首之事，并不只是赵姬特有的行为，而是当时社会风气的一部分。

以宣太后为例，她与西北边陲的义渠王私情缱绻，生下两个孩子，此事在秦国几乎成了公开的秘密，广为人知。甚至在宣太后病重时，因为对情人的依恋，她下令要求魏丑夫为她殉葬，此事见于《战国策·秦二》："秦宣太后爱魏丑夫。太后病将死，出令曰：'为我葬，必以魏子为殉。'魏子患之。"毕竟，生而为人，很少有人自愿赴死，魏丑夫自然也不例外。幸运的是，谋士庸芮机智劝谏，最终使宣太后改变主意，撤回了殉葬的命令。

养面首作为一种古风习俗，其间不乏真挚情感的流露。然而，赵姬与嫪毐之间的关系，为何能受到更多的历史聚焦与道德评判呢？其关键在于，嫪毐的封侯已远远超出了个人情感的范畴，而上升到了国家政治的高度。赵姬的纵容与嫪毐的野心膨胀，几乎将秦国推向了内乱的深渊，而在这场风暴中，最直接且无辜的受害者,就是年轻的秦王政。

这一历史事件,不仅为我们揭示了战国时期宫廷政治的复杂性,也映射出人性中欲望与权力的纠葛。

在战国末期纷繁复杂的政治背景下,虽然王室没有明令禁止养面首,但这绝对不是什么值得炫耀的事情。特别是赵姬的行为,她让嫪毐伪装成宦官混入后宫,这对年轻的秦王政来说无疑是一种难以消除的耻辱。回顾赵姬的过去,无论是与吕不韦的私情,还是对嫪毐的过分宠爱,甚至为他建造别宫、生下孩子,这一系列举动中,似乎都未曾顾及秦王政作为一国之君的感受、身份与立场。赵姬的这些做法,在秦王政心中留下了深深的阴影,并将他置于一个危机四伏的境地。

当一个人轻易达到人生的顶峰,享受着权力带来的荣耀和财富时,往往会变得自大、忘我和狂妄。在外人看来,嫪毐已经成为长信侯,这是许多人一生都难以达到的成就。然而,在嫪毐心中,这只是一个开始。对于一个充满野心的人来说,长信侯的尊荣远不是终点,他追求的是至高无上的权力和地位。

正如古语所言:"不患无位,患所以立;不患莫己知,求为可知也。"遗憾的是,嫪毐并未能领悟这一深刻的道理。他沉浸在权力的幻觉中,忽视了真正的智慧与德行才是立身之本。

自从嫪毐被封为长信侯,他不仅获得了前所未有的瞩目和称赞,也成了秦国内部各政治派别斗争的中心。在这种情况下,嫪毐的一举一动都被无数目光放大审视。而嫪毐的性格,并未

第二章 波折重重——内部动荡带来的不确定性

因地位的显赫而变得谦逊低调,反而在权力的滋养下变得更加张扬,似乎渴望让所有人都知道他的名字,铭记他所谓的"赫赫战功"。

历史往往以其独特的方式告诫世人:那些一时风头无两、高调行事之人,其最终的结局往往并不如人意。

嫪毐最终因过度挥霍自己的名望与声誉,而招来了致命的祸端。

秦王政九年(前238),嫪毐的权力欲望膨胀到了极点,这一点在《说苑·正谏》中有着生动的描述。一日,嫪毐与众多宾客聚集在一起,饮酒作乐,气氛非常热烈。但在酒意正浓时,他却因一点小事与旁人发生了争执。醉酒的嫪毐,目光尖锐,大声斥责道:"我是秦王的义父,你们这些卑贱的人,怎敢与我对抗!"

此话一出,全场震惊,众人面面相觑,一时间无人敢回应嫪毐的狂言。那位被斥责的宾客,趁着众人的目光聚焦在嫪毐身上时,悄然离开座位,随即将此事上报给了秦王政。

嫪毐一时的口不择言,无疑为自己埋下了祸根,即便他后来追悔莫及,也已无法挽回既定的命运。或许,在那一刻,他根本没想过补救。

实际上赵姬与嫪毐之间的私情已经在秦国的王宫中悄然传开,甚至影响到了朝廷,成为人们茶余饭后的谈资。

由于秦王政当时还年轻,而赵姬手握大权,即使众人心知肚明，也只能睁一只眼闭一只眼，不敢轻易揭开那层薄如蝉翼的面纱。但是，随着秦王政逐渐成长，赵姬与嫪毐的行为却越发肆无忌惮，嫪毐甚至公然以秦王的义父自居，这种行为无疑是对王室尊严的极大侮辱，更是对秦王政权威的公然挑战，构成了不可饶恕的大不敬之罪。

嫪毐终因其狂妄自大付出了沉重的代价。在"义父"事件的风波尚未平息之时，有人秘密向秦王政报告，揭露了嫪毐伪装成宦官与赵姬太后私通并生下两个孩子，并将孩子秘密藏匿的重大秘密。可以想象，秦王政听闻此事后极为愤怒，他立即下令对这一事件进行彻底调查。

作为一个极具智慧的君主，秦王政表面上保持冷静，暗中却故意泄露了一些所谓的"机密"信息。例如，他声称要派遣密探潜入吕不韦的门客之中进行"秘密"调查，以此作为诱饵，诱使嫪毐提前暴露自己的行动，而秦王政自己则以静制动，暗中观察着一切。

得知秦王政开始对自己展开调查，嫪毐感受到了前所未有的危机。在慌乱之中，他决定做最后的挣扎。根据史料记载，嫪毐与赵姬密谋道："一旦秦王政去世，我们的儿子就可以继位成为国王。"如此一来，他们不仅能够保全自己的性命，赵姬的太后之位也将稳如泰山，无人能够撼动。嫪毐的野心在这一刻暴露无遗，如同昭昭天命，令人不寒而栗。

嫪毐的这一举动，表面上看似是在绝境中的奋力一搏，实则已是将自己逼入了绝境,再无退路可言。因为秦王政亲政的日子已近在咫尺,若此时不采取行动,将来可能就再也没有机会了。嫪毐与秦王政之间的关系,已然紧张到了剑拔弩张的地步,不是你死,就是我亡,一场生死较量在所难免。

在秦国的传统中,冠礼是成年礼的象征,对每个人来说都非常重要。通常情况下,冠礼会在20岁之前举行,以便个体能够正式踏入社会,承担相应的责任。但是,令人诧异的是,当嫪毐自称是秦王政的义父时,秦王政虽然已经21岁,却仍未举行冠礼,无法亲自执政,这显然与常理相悖。

探究其中的缘由,我们不难发现,这背后或许隐藏着吕不韦的阻挠,抑或是赵姬与嫪毐的暗中作梗。鉴于他们对权力的极度渴望,不难推断,他们都不希望秦王政举行冠礼,进而亲自执政。他们深知,一旦秦王政亲政,自己的权势地位必将受到严重威胁。

直到秦王政九年(前238)四月,任何人都无法再找到任何理由来阻挠秦王政举行冠礼。这一刻,仿佛是天命所归,秦王政终于迎来了他亲政的曙光。

秦王政为了在宗庙里举行自己的成人礼,特意从咸阳前往雍城。根据史书记载,在己酉这一天,秦王政戴上王冠,并且佩上了剑,这标志着他正式完成了成人礼。从这一刻起,他开始收回原是君主的权力,真正成为秦国的主宰。

秦王政在掌握政权的过程中,遭遇了重重困难和挑战,道路并不平坦。

就在秦王政在雍城举行成人礼的时候，咸阳城却陷入了一片混乱。秦王政一离开咸阳，嫪毐就趁机发动了叛乱。由于大多数王室成员和朝廷大臣都到雍城去参加成人礼，咸阳城内留守的人员寥寥无几。除了普通百姓，此时的咸阳几乎成了一座空城。对于嫪毐而言，这无疑是一个千载难逢的良机。于是，他精心策划了一场叛乱，意图先攻占咸阳，再挥师雍城，除掉秦王政。

若深入剖析嫪毐的叛乱计划，不难发现其确实具有较高的可行性。当时，赵姬手中掌握着一枚可以调动咸阳卫戍部队的印章。这枚印章的权力非常大，足以改变秦国的命运。但是，这枚印章还需与秦王政的印章一起使用，才能指挥卫戍部队。从嫪毐敢于发动叛乱的结果来看，他显然已经做好了万全的准备。对他来说，伪造一枚印章并不难，这也是他选择在秦王政离开咸阳后立即发动叛乱的原因。即使卫戍部队有所怀疑，但在印章的权威下，他们也不得不服从命令。

嫪毐在控制咸阳之后，陷入了一种极端的狂热状态。他迅速地组织起一支军队，准备对雍城的蕲年宫发起攻击。

嫪毐策划的这场叛乱在《史记·秦始皇本纪》中有着详细记载，嫪毐伪造了秦王政的印章，加上赵姬的印章，动员当地的士兵、宫廷的守卫、骑兵以及戎翟的贵族和他们的随从，企图攻占蕲年宫，发动了一场规模巨大的叛乱。但是，秦王政已

第二章 波折重重——内部动荡带来的不确定性

经预见了他的计划，迅速指派吕不韦和其他高级官员带领军队去镇压叛乱。在咸阳的战斗中，嫪毐的军队被击败，许多人被斩首。

为了表彰平叛战争中有功的人，秦王政授予了他们相应的爵位，王翦很可能也因其卓越的军事才能而受到封赏。虽然史料中没有相关记载，但合理推断，在叛乱发生时，王翦或许扮演了守护秦王政安全的重要角色，或者身披战甲，投身战场，奋力平定叛军。从王翦后来在秦王政心中的地位来看，他在平叛中发挥了积极的作用。此外，秦王政也提拔了一批参与战斗的宦官。

嫪毐和他的同伙看到形势不利，便开始逃跑。秦王政随后下令全国通缉嫪毐，对于能够活捉他的人，悬赏百万钱；对于能够杀死他的人，悬赏50万钱。《史记·吕不韦列传》也记录了嫪毐叛乱的最终结果，嫪毐和他的家族被消灭，太后和嫪毐所生的两个儿子也被杀害，太后被迁往雍地居住。嫪毐的随从则全部被抄家，并被迁往蜀地。

自商鞅变法以来，秦军逐渐形成两大显著特点：一是其超凡的作战能力，使得秦军在战场上所向披靡；二是对国君与国家的绝对忠诚，这种忠诚精神深深植根于秦军将士的心中。因此，当那些被嫪毐所控制的部队得知秦王政安然无恙的消息时，他们立刻调转矛头，向嫪毐发起了猛烈的进攻。这一转变，成为秦王政能够成功镇压叛乱的关键因素。

然而，令人震惊的是，在这场叛乱中，竟然有一大批朝中重臣参与其中。如此大规模的叛乱，在战国时期实属罕见。倘若嫪毐得逞，那么秦国的江山恐怕将不再姓嬴，秦国的未来也将因此发生根本性的变化。

实践是检验真理的唯一标准，它向人们揭示了一个深刻的事实：不切实际的幻想与真正的梦想之间有着根本的区别。那些试图通过不正当手段来实现他们不切实际目标的人，最终会遭遇失败，并为此付出沉重的代价。

"嫪毐之乱"无疑是秦王政漫长人生旅途中的一次重大危机。这场风暴不仅在秦王政的家庭层面掀起了滔天巨浪，更席卷了整个秦王朝的政治领域。它深刻地塑造了秦王政的个人命运，同时，也对秦国的政治格局产生了深远的影响。

在随后的责任追究中，一系列隐秘的往事逐渐浮出水面。吕不韦与赵姬之间的旧情以及他引荐嫪毐入宫的种种内幕，均被一一揭露。吕不韦因此成为了审查的重点对象。

秦王政十年（前237）十月，秦王政颁布诏令，剥夺吕不韦的相国职位。被下令驱逐出京城的吕不韦无奈返回自己的封地河南洛阳。

在此，我们需提及李斯，一个在秦国后来的历史中扮演了极其重要角色的人物。

李斯原本是楚国人，年轻时只是一个默默无闻的小官。有一次，他在厕所里看到老鼠一见到人就惊慌失措，四处逃窜。

第二章 波折重重——内部动荡带来的不确定性

这个场景并没有立即引起他深思。不久之后,李斯在检查粮仓时,再次注意到了老鼠。与厕所里的老鼠不同,粮仓里的老鼠体型更大,生活得非常安逸。就在那一刻,李斯仿佛被灵光击中,他脑海中闪现出了一个自以为是的人生哲理:人的贤能与否,就像老鼠一样,取决于他们所处的环境。

此言意指,人如同老鼠一般,能力虽重要,但所处的平台更为关键。换句话说,一个人所担任的职务,往往决定了他能够达到的高度。

在深刻理解了人生的哲理之后,李斯决定踏上求学之路。他果断地辞去官职,投奔到荀子门下,潜心研习学问。在自认为学业有成之后,李斯开始筹划自己的未来。他分析了当时的政治形势,认为楚王并不是一个值得效忠的明智君主,而且其他六国的力量也在衰退,无法为他提供施展才华的舞台。于是,他将目光投向了秦国。

在临别之际,李斯向荀子坦言自己的志向:"我深知,当机遇降临之时,绝不能轻易错过。如今,各国正竞相争夺时机,游说之士在朝中掌握实权,这正是我施展才华、实现抱负的绝佳时机。我若长期沉沦于卑微的地位和贫困的环境之中,却还要假装对功名不感兴趣,宣称自己超然物外,那绝非我的本愿。"从李斯对荀子说的这番对话中,我们可以窥见他对于权力的执着追求和对荣华富贵的热切向往。

有趣的是,李斯曾将自己比作从厕所跃入粮仓的老鼠,为了寻求更好的发展机会，他渴望前往更广阔的天地。

正如俗语所说：打铁还需自身硬。李斯在荀子那里学到了丰富的知识，并在之后的人生中，将这些学识悉数奉献给了秦国，为秦国的强盛贡献出了一份力量。

李斯到达秦国后，很快就得到了吕不韦的赏识，因为他的才华确实出众，在吕不韦心中留下了深刻的印象。但李斯明白，在吕不韦手下，即使自己再有才华，也难以获得更大的发展空间，因为秦国真正的决策者是秦王政。因此，李斯一直在寻找机会，希望能够接近秦王政，以便能够迅速提升自己的地位。

正如人们常说的，机会总是留给有准备的人。李斯终于等到了一次偶然的机会，得以见到秦王政，并向他提出了自己的见解："我听说，平庸的人常常错失良机，而有能力的人则能够抓住机会并做出果断的决策。回想秦穆公时期，秦国虽然在西部称霸，但未能向东扩张，吞并其他六国，这是因为当时诸侯国众多，周朝还有一定的影响力，而且五霸相继崛起，共同尊崇周室。从秦孝公开始，周朝的势力逐渐衰落，诸侯国之间互相吞并，函谷关以东逐渐形成六国的格局，而秦国则趁机征服诸侯国，历经六代君主的努力。现在，诸侯国都已经臣服于秦国，这是一个千载难逢的好机会。如果现在不抓住这个机会，等到诸侯国再次强大起来，就难以再进行吞并了。"

李斯的这番话深深打动了秦王政，秦国想要统一六国的野心早已是路人皆知。秦王政看到李斯的才华和能力，便欣然任命他为客卿。从此,李斯开始在秦国的政治舞台上崭露头角。

正当李斯沉浸在自我得意的情绪中时,一场突如其来的变故打破了他的美好愿景。因受郑国事件的波及,秦王政颁布了一道驱逐外国人员的命令,而李斯也赫然在被驱逐人员之列。这一突如其来的打击,对李斯而言无疑是晴天霹雳。他费尽心思,好不容易在秦王政面前展现了自己的智谋与才华,如今却面临被驱逐出境的窘境,这让他实在难以接受。

于是,李斯愤然挥毫,写下了一篇千古传诵的政论典范——《谏逐客书》。在文章的尾声,李斯总结道:"臣闻之,地域广阔则粮食丰饶,国家庞大则人口众多,兵力强盛则将士勇猛。正因如此,泰山不拒绝任何土壤的堆积,方能成就其巍峨之姿;海河不挑剔任何细流的汇入,方能成就其深邃之态;而王者若不拒绝众庶的归附,方能彰显其德行之美。因此,无论地域四方,无论民众国籍,只要四季充盈美好,鬼神便会降下福祉,这便是五帝、三王之所以能够无敌于天下的原因。然而如今,我们却抛弃百姓以资助敌国,拒绝宾客以壮大诸侯的势力,使得天下的士人纷纷退缩,不敢再向西踏入秦国半步。这无疑是'藉寇兵而赍盗粮'的愚蠢之举啊!要知道,许多珍贵的物品并不产于秦国,秦国却视之为宝;许多贤能的士人并不出生于秦国,他们却愿意为秦国效忠。如今我们驱逐这些士人,无疑是资助了敌国,削弱了自身的力量,同时又在诸侯之间树立了怨恨。如此一来,想要国家没有危险,岂不是痴心妄想吗？"

秦王政在阅读了李斯的谏书后，深受其震撼。他对李斯的逻辑思维能力给予了高度评价，尽管李斯的言辞略显极端，但正是这种将问题推向极限、暴露其缺陷的论证方式，使得李斯能够成功说服秦王政，这也是李斯的一个显著优点。

秦王政下令驱逐在秦国任职的其他国家人员，这一决策的背后，实则是嫪毐与吕不韦事件以及郑国作为韩国奸细所带来的双重刺激。作为一位偏理性的君主，秦王政在深思熟虑后，认为李斯的观点颇具道理。于是，他果断地撤销逐客令，并对李斯的官职进行了擢升。

未来，无法预见。若秦王政知道后来发生的事，一定会为自己留下李斯而感到后悔；王翦亦不会任由李斯留在秦国，祸及自己的后代子孙。李斯对秦国的奉献是真，但他对秦国的祸乱也不假。当然，这是后话。

与李斯的处境形成鲜明对比的是，吕不韦的生活似乎更为轻松和自在。然而，这种轻松并不是一个好兆头，反而透露出一种危机。吕不韦之所以感到轻松，是因为他认为自己身处远离秦国都城的封地，秦王政没有时间关注他。这种自满的安全感让他变得飘飘然。

当吕不韦被贬至洛阳后，秦王政原以为关于他的风波已尘埃落定。但是事与愿违，吕不韦在洛阳的生活并没有因此而变得低调，反而比过去更加奢华。更值得注意的是，他还不断接

第二章 波折重重——内部动荡带来的不确定性

收到来自各诸侯国宾客使者的问候与拜访。这一系列举动,在秦王政的眼中,无疑是一种危险的信号。

为了防患于未然,特别是担忧吕不韦可能发动兵变,秦王政亲自写了一封信给吕不韦,信中措辞尖锐,秦王政直接质问:"你对秦国有何贡献,竟能被封于河南,享受十万户的供奉?你与秦国有何血缘关系,竟敢自称为仲父?现在命令你和你的家人迁往蜀地居住。"

显然,吕不韦被免职后,诸侯国访客的络绎不绝再次触及了秦王政的敏感神经。于是,秦王政果断下令,将吕不韦及其家人流放到蜀地。

面对这封充满杀机的书信,吕不韦意识到自己已经没有退路。他害怕日后会落得更凄惨的下场,于是选择了服毒自尽。

吕不韦无疑是一位在那个商人地位卑微的时代中脱颖而出的奇才。他凭借着自己敏捷的思维和卓越的能力,不仅辅佐秦庄襄王与秦王政成就霸业,同时也为自己赢得了显赫的地位。然而,纵观他的一生,最为人诟病的错误选择,莫过于与赵姬的旧情复燃。

假设吕不韦没有与赵姬重温旧梦,那么他或许就无需费尽心思地将嫪毐送入宫中;嫪毐若未入宫,自然无法积聚起制造叛乱的力量;而若嫪毐没有发动叛乱,吕不韦也就不会被牵连其中。这一系列的事件,就像是一根紧密相连的导火索,加上吕不韦过于自负的性格,最终导致了他悲惨的结局,实在令人唏嘘。

深究吕不韦事件，我们可以清楚地看到，人生的走向往往取决于一个关键因素：选择。正是这些选择，像是一道道分岔路口，引领着人们走向不同的命运轨迹。

自此以后，在秦王政励精图治的亲政时期，一场以六国血泪为灵魂，以横扫六国之势为魄力的惊天动地的统一大戏缓缓拉开帷幕。

第二章 锋芒毕露——王翦军威凸显,迎战劲敌

秦王政执掌国家大权后，开始实施统一六国的战略。面对多个可能的进攻对象，他最初将两个国家作为首要目标，但对于究竟先对哪个国家下手，秦王政与朝中的大臣们进行了深入的讨论。

李斯主张首先攻打韩国，他的理由与张仪的观点相吻合，即如果想要向东扩张，就必须先打开通往胜利的大门。然而，朝堂上也有不同的声音，有人建议先攻打赵国，以防止在攻击韩国时，赵国趁机发动攻击，使秦国陷入腹背受敌的困境。

双方各执一词，展开了激烈的辩论。在这场思想的交锋中，秦王政展现出了他卓越的领导才能。

高明的领导者往往能在两种截然不同的观点中，做出精准的判断，或是巧妙地融合两者，使其更加完善、更具实施的可能性。秦王政正是这样一位领导者，他决定同时攻打韩、赵两国，采取双管齐下的策略。一方面，他派遣小批军队持续不断地攻击赵国，消耗其国力；另一方面，他又以军事行动持续镇压韩国，采用蚕食政策，迫使韩国不断为攻打赵国提供军费。

秦王政之所以敢于做出同时攻打韩、赵两国的决策，其中

第三章 锋芒毕露——王翦军威凸显,迎战劲敌

一个重要的原因就是当时秦国的国力给了他足够的信心。

秦国以其连绵不绝的小规模军事侵扰,逐步侵蚀赵国与韩国的国力根基,这一战略部署为秦王政的宏图大业铺设了序章。正当秦王政酝酿着更为深远的战略行动之际,一则来自北方的消息传入秦都:燕国试图利用秦国对赵国施压的时机,对赵国发动突袭,却遭到赵国的有力反击,损失惨重。

燕国此番举动,无疑暴露了其对自己实力评估的严重误判。"长平之战"和"邯郸之战"后,赵国的国际地位和综合国力遭遇了前所未有的重创,军事力量更是大幅衰退,昔日的辉煌不再。这一转变,为如燕国这般实力相对羸弱的国家提供了觊觎的缝隙。

《史记·赵世家》详细记录了这一事件:燕王喜四年(赵孝成王十五年,前251)燕王派遣其丞相栗腹,打着庆贺赵孝成王寿辰的幌子前往赵国,实际上是为了探查赵国的虚实,为燕国的军事行动搜集情报。赵孝成王对这位远道而来的使臣表现出极大的热忱与款待,殊不知,这场宴会背后隐藏的是燕国的狡黠算计。栗腹回国后,向燕王喜报告了他的观察,认为赵国经过连年战争,青壮年大多死于长平,国内只剩下孤儿寡妇,国防空虚,正是燕国趁虚而入、扩张势力的绝佳时机。

在此背景下,燕王喜为了验证自己的战略计划是否可行,特意邀请了军事世家的后裔——乐毅的儿子乐间,希望从这位名将的后代那里得到专业的建议。

乐间继承了家族的智慧和军事才能，面对燕王的询问，他提出了与栗腹相反的观点。乐间深知战争的复杂性，他指出，尽管赵国与秦国的连年战争看似使其国力大减，但实际上并非如此。长期的战争使得赵国的民众普遍接受了军事训练，民间潜藏着强大的战斗力，这种来自民众的坚韧力量，将成为燕国攻赵时难以克服的障碍。乐间预测，如果燕国强行发动攻击，很可能会遭遇失败。

然而，燕王喜并没有重视乐间的谨慎意见，反而认为这是胆小的表现，愤怒之下，他决定不听乐间的忠告，坚持执行自己的军事冒险计划。于是，燕国动员大量军队，组建了两个军团，拥有战车2000乘，声势浩大地出征。栗腹被任命为主力军的将领，直接进攻赵国的鄗城；另一支军队则由卿秦率领，目标是赵国的代地。

一场基于误解和傲慢的战争即将开始。

此时的赵国，表面上看起来和栗腹初次访问时一样，国内满目疮痍，老弱病残随处可见。但在燕王喜的战略计划中，一个关键人物被忽略了——廉颇，这个赵国的军事支柱，就像一把隐藏在暗处的利剑，时刻等待着出击，以证明赵国的军魂未灭，战意犹存。

赵孝成王从过往的惨败中汲取教训，深刻认识到廉颇这位军事奇才对于国家安全的不可或缺。于是，他毅然决然地重新起用廉颇，不仅让他担任相国，还册封他为信平君，以此表明

第三章 锋芒毕露——王翦军威凸显，迎战劲敌

对他的极高信任和尊重。在廉颇的精心管理下，赵国军事力量逐渐复苏，虽未能立即恢复至往昔的鼎盛状态，但对付如燕国这般实力相对逊色的对手，已是游刃有余。

当燕军逼近的消息传至赵国时，赵孝成王迅速采取行动，发布了一项军事动员令：所有15岁以上的男子都必须持兵佐战，共同保卫国家。同时，紧急调动驻守在北方的精锐部队。尽管如此，赵军的兵力仍然只有燕军的一半，但他们士气高昂，决心以少胜多。在这场看似实力悬殊的战斗中，廉颇被任命为全军的指挥官。

廉颇对眼前的局势进行了深入剖析。他指出，燕军虽在兵力上占据压倒性优势，却犯下了一个战略上的致命错误——轻敌。燕国此番征伐，虽然不是远征，但也需要跨越山河才能到达战场。抵达后，燕军并未立即投入战斗，而是选择休整，这一行为恰好印证了廉颇的预判：燕军对赵军的实力评估存在严重偏差，他们错误地认为，眼前的赵军已是强弩之末，不堪一击。廉颇明白，这种轻敌的心态将成为燕军的致命弱点，而他将利用这一点，策划一场以弱胜强的经典之战。

廉颇针对燕军长途跋涉后的疲惫状态，精心策划了一套分而治之的战术方案。他巧妙地部署兵力，命令麾下骁将李牧率部据守代地，就像一条坚不可摧的防线，牢牢地限制燕军的一侧，阻止他们顺利南下与鄗城的另一支燕军会合，从而实现了对燕军的有效分割。

与此同时，廉颇亲自带领赵军的主力部队，如同猛虎下山一般，迅速向鄗城的燕军主力发起了猛烈的攻击。在这场激烈的战斗中，尽管赵军中的年轻士兵缺乏实战经验，但在廉颇的鼓舞下，他们个个热血沸腾，勇敢无畏，最终成功击败了燕军主力，燕军的主将栗腹也在战斗中丧生。

另一边，攻打代地的燕军在得知主将战死的消息后，军心大乱，士气低落。李牧敏锐地捕捉到了这一战机，迅速发起反击，以雷霆万钧之势击败了这支失去斗志的燕军。至此，燕军全面溃败，士兵们纷纷弃甲曳兵，争相逃命。赵军俘虏了卿秦，乐间和乐乘怨燕王喜不听其计，于是二人都留在了赵国。

廉颇乘胜追击，其怒火犹如熊熊燃烧的烈焰，不可阻挡。赵军势如破竹，一路追击至燕都城下，将其团团包围。燕王喜此刻才意识到，自己当初的轻率之举无异于搬起石头砸自己的脚。在绝望与无奈之中，他不得不向赵国献上五座城池，以求和平。

此战役对赵国而言，具有里程碑式的深远意义。它不仅重塑了赵国的军事威望，使各国见证了其依旧强大的军事实力，从而在某种程度上遏制了赵国被其他诸侯国瓜分的危机，而且为赵军在"长平之战"受到的沉重打击提供了心理救赎，为其后续在抗秦斗争中的坚韧不拔奠定了坚实的心理基础，起到了极大的鼓舞与激励作用。

赵国的军事力量因这场胜利而得到恢复，赵孝成王对此自

第三章 锋芒毕露——王翦军威凸显，迎战劲敌

然感到非常高兴。然而，对于燕国来说，其前景似乎变得更加艰难。燕王喜的轻率决策，无疑是对赵国尊严的严重挑战，这彻底激怒了赵国。此后，赵国对燕国发动了一系列军事行动，使燕国陷入持续的战乱之中，几乎没有喘息的机会。

燕王喜对自己当初那个未经深思熟虑的决定感到深深的后悔，但遗憾的是，历史的车轮已经滚滚向前，他的后悔无法改变已经发生的事实。燕王喜的经历，无疑是用血的教训向世人展示了一个永恒的真理：在复杂的国际政治中，审慎行事、谨慎决策的重要性不容忽视。

赵国与燕国的军事冲突暂告段落，而这两国的动态，始终未逃过秦王政的眼睛。赵国的实力复苏，如同暗夜中的烛火，再次照亮了诸侯国抗秦的希望，却也触动了秦王政心中那根敏感的神经。为了将赵国这股复兴之火彻底扑灭，以绝其东山再起的可能，秦王政将削弱赵国军事力量视为统一大业的关键一环，并于秦王政十一年（前236）发起了对赵国的连续军事行动，直至最终将其吞并。

秦国消灭赵国的战争可以分为两个主要阶段。第一阶段始于秦王政十一年（前236）。当时，赵国的君主赵悼襄王再次出兵，向北进攻燕国，这个行动无意中给了秦国一个难得的攻击机会。秦王政借此机会，以支援燕国为名，实则发动对赵国的军事行动，精心策划，展开了对赵国的攻势。

对此，《史记·白起王翦列传》中有简短的记载："始皇

十一年，翦将攻赵阏与，破之，拔九城。"

正当赵、燕两国在北方激战正酣，赵国国内兵力空虚之际，秦军如幽灵般悄无声息地兵分两路，向赵国腹地挺进。秦军主将王翦率领一支精兵强将，势如破竹地攻占了阏与（今山西和顺）、橑阳（今山西左权）等地；而次将桓齮与末将杨端和则携手另一路大军，横扫邺城（今河北临漳）、安阳（今河南安阳市西南）等九座城邑，一时间，漳水流域尽归秦国所有。

在赵国与燕国的这场军事较量中，尽管赵国一度攻占了渔阳城（今北京密云），但终究未能逃脱惨败的命运。秦国的适时介入，如同突如其来的雷鸣，使得赵国在短时间内连失九座城池，赵国好不容易累积起来的军事力量，再次被秦国无情摧毁，几乎回到了原点。更为雪上加霜的是，赵悼襄王在这一年驾鹤西去，为赵国的未来蒙上了一层厚厚的浓雾。

根据《资治通鉴》的记载，赵悼襄王在临终之际做出了一个令人难以理解的选择：他废除了嫡长子赵嘉，却选择了立"素以无行闻于国"的赵迁为太子。

这一决策，无疑为赵国的未来埋下了一个巨大的风险。赵悼襄王去世后，赵迁继位，成为了历史上的赵王迁。然而，他的登基并没有给赵国带来任何积极的改变，反而使这个国家陷入了更深的困境。

在秦王政的眼中，秦将王翦不仅仅是一位骁勇善战的将领，更是一位深谙战争艺术的老师。削弱赵国的实力，一直是王翦

第三章 锋芒毕露——王翦军威凸显，迎战劲敌

肩上的重任。在王翦的精心策划与指挥下，秦军如同锋利的刀刃，割裂着赵国的疆土，让这个曾经强大的国家，逐渐失去了抵抗的能力。

王翦这位土生土长的秦国人，从小就对各种兵器表现出浓厚的兴趣，并且对兵法有着深入的研究。随着年龄的增长，这份热情逐渐转化为想要献身秦国军事事业的坚定意志。在那个战乱频繁的年代，王翦依靠他卓越的军事才能，在众多将领中脱颖而出，逐渐晋升到秦国军队的领导层，成为了一个极具影响力的重量级人物。

自秦王政十一年（前236）开始，王翦就指挥着秦国的精锐部队，对赵国进行连续的军事打击。在他的领导下，秦军如同狂风骤雨般席卷赵国，使得赵国的领土面积不断缩小。但是，对于王翦来说，这并不是他的最终目的。他心中真正的目标是完全消灭赵国，将其领土并入秦国的版图之中。

然而，正当王翦踌躇满志，以为即将实现吞并赵国的宏伟计划时，一位强劲的对手却悄然出现在了他的面前——赵国名将李牧。

李牧因其独特的战术风格而闻名。他擅长在严密的防守中寻找反击的机会，坚守阵地，耐心等待。当敌人被他坚固的防守耗尽精力、失去斗志时，李牧就会像猛虎一样发起快速而猛烈的反击，让敌人措手不及。

王翦指挥的秦军一路高歌猛进，连续夺取了赵国九座城池，

这样的辉煌战绩，极大地提振了秦军的士气。秦王政看到这一有利形势，决定乘胜追击，继续对赵国发动猛烈的攻势，以扩大秦国的疆域。

《史记·秦始皇本纪》和《史记·赵世家》中对此均有记录："（秦王政）十三年，桓齮攻赵平阳，杀赵将扈辄，斩首十万。""秦攻武城，扈辄率师救之，军败，死焉。"

从记载来看，秦王政十三年（前234），秦王政正式任命桓齮为统帅，率领秦军对赵国发起进攻。秦军的攻势如同狂风骤雨般猛烈，使得赵军难以抵挡。在桓齮的指挥下，秦军迅速拿下了平阳（今河北磁县）和武城（今山东武城）。

秦王政十四年（前233），历史的车轮驶入了又一个关键的节点。这一年，桓齮统帅的秦军如同一只饥饿的猛兽，将目光投向了赵国境内的上党地区。他们翻越了险峻的太行山脉，选择从北面作为进攻的突破口，像一把锐利的剑，直刺赵国腹地，以压倒性的攻势迅速占领了赤丽、宜安（今河北藁城西南）等地。桓齮求胜心切，渴望立下赫赫战功，因此未让军队休整便迫不及待地赶往了下一个战场邯郸。

此时，赵国的北部边境正由一位传奇的将领镇守，他就是上文提及的李牧。李牧是一个地道的赵国人，从小就对军事策略有着浓厚的兴趣。他不仅广泛阅读军事书籍，而且善于思考，勇于将学到的知识运用到实际战斗中。他曾被派往赵国的北部，指挥军队抵御匈奴的侵袭。在那里，他凭借出色的用兵之道，以步兵之姿,将匈奴骑兵一网打尽,从而一战成名,威震四方。

当李牧得知桓齮正率领秦军向邯郸进发时,他立刻带领部队南下,计划在宜安地区拦截秦军的进攻路线。于是,秦军和赵军在宜安形成了紧张的对峙。在当时,李牧的名声已经传遍了各地,无人不知,无人不晓。在桓齮看来,李牧无疑是一个巨大的挑战。然而,这正是他渴望战胜的对手。桓齮的心中充满了斗志,他发誓要击败李牧,以此来提升自己的声望。

自李牧驰援前线以来,秦军的进攻就遇到了挑战。曾经在战场上所向披靡、屡战屡胜的秦军士兵,在面对李牧的防守时似乎失去了以往的锐气。即使是经验丰富的王翦,也多次在李牧精心布置的战术下遭遇失败。王翦曾经对秦王政表示,如果不是李牧在赵国指挥作战,他早就已经攻下了赵国的领土。这番话无疑是对李牧军事才华的高度认可。

李牧的战斗策略与廉颇、赵奢等著名将领有着相似之处,即先采取被动防守,然后转守为攻。《孙子兵法》中有言:"不可胜者,守也;可胜者,攻也。守则不足,攻则有余。善守者藏于九地之下,善攻者动于九天之上,故能自保而全胜也。"李牧正是这样,在面对强敌时,他选择固守阵地,以逸待劳,等待最佳的反击时机。而一旦时机成熟,他便如猛虎下山般发起猛攻,让敌人措手不及。这种战术,既展现出李牧的稳健与智慧,也体现了他对战场节奏的精准把控。

李牧的军事才华不仅仅局限于战术层面。与廉颇、赵奢相比，他更能从政治的高度来考虑问题，巧妙地将军事行动与政治策略结合起来。这种独特的思维方式使他在战场上更加从容不迫，能够制定出更加全面和深远的战略计划。

以此次秦赵的"肥下之战"为例，李牧正是凭借其对政治局势的敏锐洞察和突破性思路，成功地击败了秦军。

当李牧带领边境主力部队与邯郸派出的精英赵军会合后，他们在宜安地区与桓齮指挥的秦军形成了紧张的对峙态势。面对秦军先前连续战斗所积累的高涨士气，李牧清楚地认识到，如果急于应战，胜算不大。因此，他继续坚持他一贯的战术原则，不轻易出击，而是采取坚固防守的策略，目的是消磨敌人的斗志，等待敌人疲惫时，再寻找机会发动反击。

在这场双方僵持的对抗中，桓齮开始重新评估战场形势。他回想起廉颇曾依靠坚固的防御工事成功地抵御了王龁的进攻，现在李牧似乎也在采取相同的策略来对抗他。然而，桓齮也意识到，秦军长途跋涉至此，不利于打一场持久的消耗战。于是，他决定采取主动，亲自带领秦军主力向肥下发起猛烈的攻势。桓齮的目的很明确，就是要诱使李牧不得不领兵前往肥下进行救援。

肥下作为邯郸的重要屏障，其战略地位不言而喻。一旦失守，邯郸将直接暴露在敌人的锋芒之下，陷入困境。桓齮深信，李牧作为赵国的杰出将领，绝不会坐视肥下沦陷。因此，他料定李牧必定会实施营救。而一旦赵军离开其坚固的营垒，桓齮

第三章 锋芒毕露——王翦军威凸显，迎战劲敌

便会抓紧时机发动全面进攻，将赵军一举歼灭。

此外，桓齮还在通往肥下的道路上设置伏兵。他期待李牧能够按照他的预期，落入他设下的陷阱，从而在这场智勇的较量中占据上风。

然而，事态的发展并没有按照桓齮的预期进行，李牧展现出卓越的战略耐心，始终坚守自己的阵地，没有被诱出。他就像一个深谙棋艺的棋手，似乎已经预见了桓齮的每一个棋步。即使肥下处于即将被秦军攻占的极度危险之中，李牧也没有出现在战场上。

面对部将赵葱的急切出战请求，李牧冷静地回答："被动地响应敌人的攻击，是受制于人的做法，这是兵法中的大忌。"他的话显示出他对战争策略的深刻理解。

桓齮见李牧始终不为所动，竟做出一个令人瞠目结舌的决定。在即将攻克肥下的关键时刻，他突然下令停止攻击，这无异于为赵军提供了宝贵的喘息之机。这一举动，暴露出他对于同李牧进行个人较量的过分执着，已全然不顾及战争的大局。随后，桓齮再度发起进攻，其目的竟仅仅是为了引出李牧。

此时的桓齮，似乎已将战场视为自己与李牧之间的私人对决，他的不理智行为，最终让整个秦军为之付出了沉重的代价。

然而，李牧依旧保持着他的冷静与克制，未露丝毫破绽。

当秦军主力全力投入肥下前线的战斗时，他们的后方营地却变得空虚。加上赵军连日来的坚守策略，使得秦军的防守力

量变得薄弱,警惕性也大大降低。李牧正是抓住这个机会,带领精兵,像鬼魅一样悄无声息地袭击了秦军的大营,不仅俘虏了留守的士兵,还缴获了大量物资。

当桓齮得知自己的营地遭到袭击,他的内心充满了愤怒,立刻决定回师救援。虽然从战略角度来看,营地中的留守士兵和物资对他的整体军事行动并无决定性影响,但桓齮有更深层次的顾虑。他清楚秦王政对将领的期望非常高,如果秦王政得知他连自己的营地都守不住,他可能会因此失去将军的职位。因此,他毫不犹豫地选择火速回救。

而李牧早已料定桓齮的这一举动。他精心策划,提前部署了一支部队去正面迎战桓齮,同时巧妙地将主力部队安排在两翼。当正面的赵军与返回的秦军交战时,两翼的赵军主力突然像两把锋利的剑一样,向秦军发起了突袭。秦军没有准备,立刻陷入了混乱,无法抵抗赵军的强烈攻击。桓齮看到形势不利,只得趁乱撤退。

李牧对桓齮行动的预测,不仅显示出他卓越的军事才能,更体现了他深邃的政治智慧。他知道,在秦国这样一个重视军事成就的国家里,将领们都渴望建立功勋,不会轻易做出可能被人指责的决定。因此,他推断桓齮会为了维护自己的名誉和地位,选择带兵回援。于是,他巧妙地将赵军主力部署在两翼,用一部分兵力直接面对桓齮,成功引诱桓齮落入他的陷阱。最终,桓齮急于救援,却被李牧击败,全军覆没。

第三章　锋芒毕露——王翦军威凸显，迎战劲敌

秦王政览阅前线递来的战报，获悉桓齮的惨败后，心中怒火难抑，当即颁下诏令，任命王翦为新的统帅，取代了桓齮的位置。

秦王政十五年（前232），秦国再次发动军事行动，决心要征服赵国。这次出征，秦军经过了周密的计划，兵分两路，打算以压倒性的力量直接攻击赵国的中心地带。其中一路军队从邺城出发，向北进军，计划越过漳水这一自然屏障，直抵邯郸城下，进行袭扰。另一路主力部队则从上党出发，穿越井陉这一险要地带，试图绕到邯郸的后方，像一把锋利的刀子将赵国切成两半。

然而，战争的魅力就在于其不可预测性，秦军的计划并未顺利实现。当秦军进攻到番吾（今河北磁县）地区时，遭遇了李牧所率领的赵军顽强抵抗。李牧利用漳水的天然险阻和赵长城的坚固防御，构筑起一道难以逾越的防线。尽管秦军勇猛，但在短时间内也难以突破这道铜墙铁壁，其计划因此受挫。

李牧针对秦军的攻势，也精心制定了一套详尽的战略计划。他决定采取"南守北攻"的策略，通过集中兵力，逐个击破秦军的进攻。于是，他派遣司马尚率领一支精锐部队，在邯郸之南严阵以待，据守长城一线，如铜墙铁壁般屹立不倒。而自己则亲率主力部队，正面迎击秦军的挑战。

两军在番吾地区遭遇，随即爆发了激烈的战斗。在李牧的指挥下，赵军发起了猛烈的攻击，秦军虽勇，但在李牧的布局

和赵军的英勇奋战下，最终受阻大败，狼狈而逃。

在取得暂时的胜利后，李牧并没有被胜利冲昏头脑，而是迅速带领部队返回邯郸，与司马尚的部队会合。两人合力抵御南路秦军的进攻。

智慧之人在考虑问题时，必然会同时考虑利益和危害，懂得在战争中全面评估各种因素后制定出最合适的策略。这既要考虑战争的潜在利益，也要充分考虑到可能遭遇的挑战和风险。因此，在战斗中，能够以坏处着眼、以好处着手，才能使战事往有利的方向转化。

秦军在这次攻赵的战争中，也展现出其军事方面的成熟。他们能够权衡利弊，见难以获胜，便立刻撤兵，没有强行进攻，从而减少了不必要的损失。这种明智的决策，无疑体现了秦军将领的智慧和勇气。

而赵军在这场战役中虽然取得胜利，但也付出了惨重的代价。再战下去，情势同样不容乐观。因此，李牧决定退守邯郸。

第四章 战国棋局——局势的变幻莫测

如前所述，秦王政亲政之后，首先面临的决策就是选择第一个要征服的国家，于是召集大臣们共同讨论国家大事。经过一番深入的思考和战略规划，秦国的军事行动首先对准了邻近的韩国，然后是已经元气大伤的赵国，作为逐步统一六国的起点。

时间回到秦简公十二年（前403），一场历史性的裂变——韩、赵、魏三家分晋，不仅重塑了中原的政治版图，也标志着韩、赵、魏三国正式登上了历史的舞台。然而，在这三国之中，韩国的历史轨迹似乎略显平淡，缺少一些波澜壮阔的辉煌时刻。

再将时间快进到秦惠文王更元二年（前323），一场独特的国际盛会——"五国相王"在魏国的提议下盛大举行。根据史料记载，魏王有意争夺更高的王权，但感到自己力量不足，于是巧妙地策划，邀请韩国、赵国、燕国和中山国共同参与这一盛事，相互承认对方的王位。这不仅为魏国增添了王者的光环，也让韩国等国趁机提升了自己的地位，韩威侯因此升级为韩宣惠王，为韩国的历史增添了一抹不寻常的色彩。

尽管韩王自诩为王，试图以此彰显其国家之尊，然韩国无论在历史上的哪个时段，似乎都未能摆脱"懦弱无能"这一标签，成为后世评说中难以抹去的一笔。

在漫长的历史画卷上，韩国唯一值得称道的"辉煌"，便是其曾一举吞并春秋初期一度称霸的郑国。然而，这一壮举并未能从根本上改变韩国的命运，其国力依旧孱弱，领土面积在各国中始终排名末尾，实力不济成为了韩国难以摆脱的宿命。

战国时期，苏秦曾力推"合纵"之策，目的是联合东方的六国共同抵抗秦国。韩国对此积极响应，热情高涨，试图借此机会提升自己的地位。然而，理想与现实总是存在巨大鸿沟，韩国并没有如预想中一般成为抗秦的中坚力量。相反，其在"合纵"行动中的表现平平，甚至引来了其他国家的轻视与嘲讽。

更为尴尬的是，韩国所处的地理位置极为不利。它紧邻秦国，成为了秦国扩张道路上的首要目标。韩国因此屡屡遭受秦国的侵扰，不得不以割地求和的方式换取暂时的和平。到了后来，韩国甚至在秦国还未出兵之前，便主动献上土地，甘愿沦为秦国的附庸，以此来换取国家的存续。

早在秦惠文王统治时期，韩国便已成为秦国战略棋盘上的一枚重要棋子，饱受打压与震慑。当时，秦国的相国张仪向秦惠文王建议首先消灭韩国，以此作为突破口，为秦国征服东方诸国铺平道路。但是，秦惠文王并没有接受张仪的激进方案，而是独具慧眼地选择了司马错的战略规划，成功将巴蜀地区并入了秦国的领土。

这一决策，让韩国暂时松了一口气，仿佛从命运的悬崖边侥幸逃脱，韩国国内因此洋溢着一阵短暂的欢愉。然而，历史的教训总是残酷而深刻，它告诉韩国一个铁律：在弱肉强食的国际舞台上，依赖他人的慈悲与怜悯，远不如自身强大来得可靠。

前文提到过，秦王政确定的两个首攻目标，就是韩国和赵国。

当战略计划确定后，秦军便如同脱缰的野马，迅速展开了行动。然而，在这场征服大戏中，秦王政的注意力却并未完全集中在军事行动上。一个名叫韩非的人物，就像一颗冉冉升起的星辰，悄然进入了他的视线，分散了他的部分心力。

自从吕不韦退出秦国的政治舞台后，秦王政对身边的高级顾问进行了适当的调整，其中，博学多才的李斯被提拔为廷尉，成为秦王政身边的重要谋士。李斯因其广泛的学识受到秦王政的高度评价，就像秦王政是一个勤于学习、不断追求知识的君主一样，李斯也经常沉迷于书籍之中。因此，秦王政经常让李斯推荐优秀的书籍，以满足他对知识的渴望。

李斯没有辜负秦王政的期望，向他推荐了韩非的两部作品：《孤愤》和《五蠹》。这两部作品的核心思想都集中在"法"的概念上。韩非在书中主张建立一个和平繁荣的时代，统治者必须以法律为指导，管理国家和人民。与孟子、荀子将法律视为

第四章 战国棋局——局势的变幻莫测

次要手段、强调政治应以人性和道德为基础的观点不同，韩非提出了独特的观点，他认为如果统治者受到人性和道德的束缚，就难以做到公正无私。在他看来，法律才是治理天下的不二法门。一国之君，应以法律为根本，刑罚为辅助，做到赏罚严明，恩威并济。总的来说，只有恰当地结合恩惠和威慑，才能展现出一个明智君主的形象。

韩非作为战国时期法家思想的集大成者，其深邃的见解与秦王政的治国理念不谋而合，就像两颗在历史苍穹中相互映照的明亮星辰。当秦王政阅毕韩非所著的《孤愤》与《五蠹》之后，对这位法家巨擘产生了浓厚的兴趣，急切希望与韩非面对面交流，共同探讨国家大事。

韩非是韩国宗室之后，不仅与李斯有着同窗之谊，更师承荀子，其学术背景与人际关系皆显得非同凡响。秦王政看准了这一点，便委派李斯前往韩国，邀请韩非入秦共谋大业。而李斯的内心却充满了矛盾与挣扎，他明白此行的艰难与复杂，却又不敢违抗秦王政的旨意，只能鼓舞自己踏上前往韩国的路途。

李斯原以为凭借自己与韩非的同窗情谊以及秦国的威势，说服韩王安放韩非入秦应是一件轻而易举的事。岂料，事实却远非他所想象的那般简单。韩王安对秦国的戒备与猜忌，使得他无论如何都不肯放韩非入秦。李斯无奈之下，只得硬着头皮向秦王政汇报这一结果，却没想到这一消息竟然惹怒了秦王政。

秦王政的怒火并非针对李斯，而是对韩国的不识时务感到愤怒。他认为韩国此举无疑是在挑衅秦国的权威，当即命令李斯起草宣战书，准备对韩国发动进攻。还未等宣战书送达韩国，秦军就已经在秦韩边境集结待命。当宣战书终于送达韩国之时，秦军的铁蹄也随即踏上了韩国的土地，一场轰轰烈烈的战争即将拉开序幕。

秦军的铁蹄如乌云压境，使得韩王安在惊慌失措之中匆匆展阅战书。当他仔细阅读后，方才发现，秦国此番兴师动众，其实仅仅是为了要求韩非前往秦国，而并未对他本人或韩国提出任何直接的威胁。这个发现让韩王安松了一口气，心中涌现出一种难以形容的欣慰。于是，他立刻派出使者，护送韩非前往秦国，以期平息这场突如其来的风波。

对于韩非而言，这一去，却成了他人生中最后的旅程。他怀着忐忑不安的心情，踏入了秦国的领土，每一步都仿佛行走在未知和风险的边缘。也许，在见到昔日同窗李斯的那一刻，他的心中曾闪过一丝欢喜，但这份欢喜很快就被两人身份地位的巨大落差所掩盖，化作了一种难以名状的复杂情绪。

李斯以极大的热情接待了韩非，他的笑容如阳光般灿烂，仿佛能够驱散一切阴霾。然而，在这张热情洋溢的面孔之下，却隐藏着李斯内心深处难以言说的算计。只有李斯自己清楚，他为何会对韩非表现得如此热情，以及这份热情背后所隐藏的复杂动机。

李斯对韩非表面上的亲近，实际上隐藏着深层次的算计。

他表面上希望与韩非合作，在秦国这片辽阔的土地上共同创造辉煌，但他的内心实则充满了难以言喻的不安和嫉妒。

作为一位以权力为最高追求的政治家，李斯深知秦王政对韩非思想的偏爱，担心自己的地位可能因此受到动摇。他害怕韩非的才华会让自己黯然失色，害怕秦王政的宠爱会转移到韩非身上，从而使自己失去现有的权力和地位。因此，李斯开始在心中暗自策划，试图找到一种既能让秦王政对韩非产生恶感，又能确保自己地位，甚至彻底消除韩非威胁的狡诈计策。

而韩非是个懂得秉持初心、坚守理想的读书人，对李斯那种不知羞耻、追求功利的心理感到极度厌恶。他认为李斯已经完全背离了读书人的初衷和使命，这简直是对知识和道德的亵渎。韩非性格直率，没有李斯那么多的心机与算计，他的理想简单而明确：传播自己的思想，为天下百姓造福。这才是他作为学者的责任和担当。

在一番寒暄之后，韩非迎来了秦王政的召见。但韩非有口吃的问题，说起话来磕磕绊绊，严重影响了交流的流畅性。秦王政一边听着韩非说话，一边眉头越皱越紧，明显对韩非的表达能力感到不满。韩非看到秦王政皱眉，心中更加紧张，一紧张，说话就更加不利索了。这对韩非来说，无疑是一个恶性循环，让他倍感煎熬。

秦王政与韩非的第一次会面并没有达到预期中的和谐，而是以双方的不快告终。韩非离开后，秦王政感到了深深的矛盾和纠结。他一方面想要释放韩非，让他回到韩国，以此来显示自己的宽容和大度；但另一方面，他又实在不愿意就这样失去一个如此才华横溢的人才。在秦王政看来，像韩非这样的智者，理应为他所用，为秦国的统一大业贡献智慧和力量。但是，如果不让韩非离开，又该如何妥善安置他呢？秦王政珍视人才，不愿意因为一次不顺利的会面就否定韩非的全部。因此，他决定再次召见韩非，希望能够更深入地了解这位法家大师，探索他的思想和才华。

对于李斯来说，秦王政再次召见韩非，毫无疑问是给他出了一个难题。他清楚自己必须抓住这次机会，实施自己的计划，以确保自己在秦王政心中的地位不受动摇。于是，李斯开始苦思冥想，筹划着如何在这次会面中让秦王政对韩非产生更深的不满和厌恶。

如果说秦王政和韩非的第一次会面还带有一些学生对老师的尊敬，那么这次会面则完全是君王对臣子的审视。秦王政在再次召见韩非时，已经恢复了他作为王者的威严和冷静。

秦王政与韩非的对话最初看似只是一场轻松的闲聊，但随着讨论的深入，两人之间展开了一场关于国家大局的智慧较量。秦王政以一种看似不经意的态度，向韩非抛出了一个棘手的问题："秦国统一天下的势头已经不可阻挡。但在此关键时刻，我还在犹豫，是应该先消灭韩国，还是先攻占赵国，你有什么建议吗？"

韩非听到这个问题后,心中已经有了答案。之前,李斯私下告诉他,秦王政非常欣赏那些忠于自己国家、热爱故土的士人。韩非本身就深爱自己的国家,现在为了在秦国获得一席之地,他更加坚定了自己的爱国立场。因此,当秦王政提出问题时,韩非立刻想到了李斯的话,镇定地回答:"我认为,消灭韩国并没有太大的意义。韩国现在几乎已经成了秦国的一部分,对秦国的命令不敢不从。在这种情况下,韩国虽然名义上还存在,但实际上已经无需大动干戈,不必劳师动众去征服。"

秦王政听后,眼神微眯,继续追问:"如果秦国真的出兵攻打韩国,你会选择支持秦国还是保卫韩国呢?"

韩非毫不犹豫,斩钉截铁地答道:"当然是韩国,因为那是我的祖国,我的心之所向。"

此言一出,秦王政的目光转向了在一旁静候的李斯,淡淡地问道:"你又怎么看这个问题呢?"

李斯恭敬地鞠躬,回答说:"我本来是楚国人,曾经怀着报效祖国的心愿,但楚国没有给我机会,所以我来到了秦国。秦国是一个能够让人才展现才华的地方,它包容万象,胸怀宽广。当我在荀子门下学习时,我就说过,机会稍纵即逝。如果一个人在困境中不思进取,反而用'我已经尽力了'来安慰自己,那又怎么能称得上是有志之士呢?"李斯的话不仅表达了对秦国的赞赏,也隐含了对韩非立场的微妙批评。

李斯那番意味深长的话语,实际上将韩非推向了万劫不复的深渊。韩非在这一刻恍然大悟，原来所谓的同门情谊、共谋大业的梦想，都只是他个人的一厢情愿。李斯从始至终都未曾有过与他并肩同行的念头，他的心中只有权力和地位。

秦王政与韩非的再次会面，最终还是以不愉快的结果结束了。秦王政对韩非的尊敬随着这两次的会面逐渐减少。但是，他并没有因此产生要驱逐韩非的想法。看到这种情况，李斯决定再加一把劲，于是向秦王政建议："现在大王想要征服诸侯，统一天下，而韩非却始终心系韩国，不愿意为秦国效力。这是人之常情，但对于大王来说，却是一个巨大的隐患。如果大王长期留着他而不用，最终又放他回韩国，这无疑是给自己留下祸根。因此，我认为不如以违法的名义，将其处死，以绝后患。"

秦王政听了之后，觉得李斯的话很有道理，就下令将韩非逮捕。然而，他并没有对韩非施加任何刑罚，只是将他囚禁起来。谁知道，李斯竟然私下派人给韩非送去毒药，企图迫使他自我了断。韩非虽然直率、爱国，但他也同样珍惜自己的生命。他希望能够见一见秦王政，为自己辩解冤屈，但李斯怎么可能给他这个机会呢？

在关押韩非之后，秦王政逐渐觉得此事处理得不妥，便命人释放韩非。但是，当赦免的命令传达到韩非那里时，一切都已经太迟了。

一位伟大的思想家就这样默默陨灭了，留给后世无尽的遗

第四章 战国棋局——局势的变幻莫测

憾和哀悼。

韩非的事件虽然是秦王政征服六国过程中的一个小事件，但它深刻地揭示了两个关键问题。

首先，它突显出韩国的软弱无力。韩国的脆弱无需多言，从韩王安的无能表现就可见一斑。韩王安最初拒绝秦国对韩非的要求，并不是因为他有坚定的意志，而是因为他错误地认为秦王政的目标是他本人，因此才坚决拒绝。然而，当他仔细阅读宣战书，发现上面只提到了韩非的名字后，他立刻松了一口气。为了自己的安全，他毫不犹豫地牺牲了韩国王室的成员。这种行为毫无疑问彻底暴露了韩国从国君到士兵的贪生怕死，如果连国君都如此，那么士兵们又怎么会有高昂的战斗意志呢？当时的韩国，就像一棵被虫子蛀空的树，只需轻轻一推就会倒塌，国家处于极度危险之中。

其次，韩非之事也深刻揭示了李斯的人品问题。追求金钱和地位，本是每个人的权利，尤其在战国那个动荡的时代，人人都渴望身居高位，跻身社会顶层。然而，李斯在追求权贵的过程中，却显得尤为极端和阴险。他为了保住自己的地位，将韩非视为政敌，完全不顾及同窗之情，也无视秦王政求贤若渴的心情。他制造误会、挑拨离间，为了自己的私欲而不择手段，这种阴险诡诈的行为，比战场上的敌人更加可怕。正如当年范雎谗害白起一样，李斯的行为同样让人不寒而栗。

秦王政之所以会将李斯这样的人物留在身边，实际上是基于一种深思熟虑的政治考量。自古以来，朝堂之上便存在着忠臣与佞臣、清廉之臣与腐败之臣的对立，他们仿佛构成了一种微妙的平衡，相互掣肘，共同维系着朝廷的运作。对于一个统治者来说，其关注的重点往往在于大臣们能否为国家创造价值，而非单纯注重个人的道德修养。只要大臣们能够明确自己的臣子身份，尽心尽力地为国家服务，对国君保持百分百的忠诚，那么其余方面的瑕疵，一个聪明的领导者通常不会过分苛求。相反，他们会巧妙地利用这些对立的大臣，通过相互制约来保持朝廷的平衡，从而实现自己的统治目标。

李斯在除掉韩非之后，并未能长久地享受其带来的胜利果实。不久之后，另一位杰出的人物尉缭，悄然走进他的视野之中。尉缭与韩非几乎同时来到秦国，并且同样引起了秦王政的高度关注。这使得李斯心中不禁生出了嫉妒之情。不过，好在两人的长处并不相同，否则尉缭的处境恐怕会相当艰难。

尉缭来自魏国，曾师承鬼谷子门下，深谙用兵之道，且精于治军之策。他的到来，显然为秦国的军事力量注入了新的活力。在秦王政急需军事人才的时候，尉缭的出现让他感到非常兴奋。秦王政对尉缭的军事才能给予高度评价，并对他寄予了厚望。

与秦王政对尉缭的重视相比，尉缭对这位年轻的君主持一种谨慎的态度。他心中充满对韩非之死的深深疑虑。当初，韩非是在秦王政的强烈要求下来到秦国的，然而，不到一年的时

第四章 战国棋局——局势的变幻莫测

间,韩非就在秦国的土地去世了。更让尉缭感到不安的是,秦王政对韩非的死并未表现出丝毫忧伤,这让他不禁担心自己是否也会步韩非的后尘。当然,尉缭并不知道,韩非之死的背后,其实隐藏着李斯的阴谋。

当时,秦王政正为赵国军事行动的受挫而感到焦虑。他首先询问了李斯的意见,但李斯似乎有些不知所措,无法给出明确的建议。于是,秦王政转向尉缭寻求建议。尉缭从容不迫地说道:"考虑到秦国目前的军事实力和秦军的战斗力,其他国家的军队相比之下显得非常脆弱,无法对秦国构成实质性的威胁。只要秦国继续发起攻势,就一定能取得压倒性的胜利。"

秦王政当然明白秦军的勇猛和善战,但他也清楚,持续的战争对秦国来说同样会带来重大的损失。他希望在取得胜利的同时,能够尽可能减少损失。

这种希望以最小的成本获得最大的回报的心态,其实是人之常情。在这种情况下,人们往往能够激发出平时不曾展现的智慧。

经过思考,尉缭向秦王政提出了一个策略:"虽然六国目前看似力量薄弱,但如果我们直接与它们正面冲突,很可能会激发它们的强烈抵抗。正如俗话所说,即使是最坚固的城墙,如果内部混乱,那么它的崩溃也就指日可待了。因此,我们可以通过贿赂各国的权贵,让他们在国内宣扬秦国的善意,以减轻六国的敌意。同时,我们还可以贿赂那些奸诈的大臣,破坏他们与君主之间的关系。这样，六国就会从内部开始自行瓦解，我们再出兵攻击，损失自然就能降到最低。"

秦王政听完尉缭的计策后，不禁拍案叫绝，认为此计甚妙。于是，他萌生了重用尉缭的念头。然而，尉缭却一心想要离开秦国，另寻出路。

对此，李斯感到困惑，于是询问尉缭其中缘由。尉缭沉思了一会儿，然后慢慢地说："秦王这个人，忍耐力非常强，这是他的优点。但是，他也有冷酷无情的一面。当你对他有用时，他会非常重视你；但如果有一天他不再需要你，那么你的下场可能会很悲惨。"

秦王政确实如尉缭所说的那样，具有极强的忍耐力，他能够从赵国全身而退，就足以证明这一点。至于他是否冷酷无情，可能因人而异。尽管如此，秦王政还是采纳了尉缭的建议，并继续执行对六国的攻击计划。

韩王安曾抱有一线希望，认为交出韩非并顺从秦国的命令就可以确保韩国的安全。但历史的残酷进程证明了他的这种想法是多么的幼稚和不切实际。

秦王政十五年（前232），当秦国在对赵国的军事行动中遇到障碍时，便按照其既定的战略，先攻中心，再逐步向外扩展，逐个击破，并将攻击的焦点转向了韩国。

秦王政十六年（前231），韩国的南阳（今河南西南部一带）守腾做出了一个出人意料的决定：他主动向秦国投降，并献出了南阳这一战略要地。对韩国来说,南阳具有极其重要的战略地位,它不仅是韩国的军事重镇,也是抵御秦军进攻的关键防线。但是,对于秦国而言,南阳却像一块挡路的石头,每次进攻韩国时都会成为阻碍。

其实,南阳的投降并非无因之举。原来,守卫南阳的韩国将领在无法忍受来自上级官员的欺压与压迫后,毅然决然地选择了弃暗投明。他们宣布将南阳献给秦国,这一举动无疑为秦国消灭韩国提供了有力的助推。

对秦国来说,得到南阳是一个意外的收获。秦王政在接收南阳后,迅速将其转变为一个前进基地,为接下来消灭韩国的行动做好了充分的准备。

秦王政十一年(前236),一项由韩国水利家郑国主持修建的宏大的水利工程——郑国渠终于竣工。然而,这项工程背后却隐藏着韩国企图拖垮秦国的深远计策。如今,水渠虽已建成,韩王安所幻想的安宁岁月随之也走到了尽头。

从表面上看,秦王政似乎是在秦王政十七年(前230)才正式对韩国发起了大规模的军事行动。但实际上,秦国的布局与渗透早在3年前就已悄然展开。这些行动之所以被称为"悄然",是因为它们多以小规模的军事行动为主,旨在避免引起过多的注意。而秦国的战略重心,则放在了以重金诱使各国大臣来逐步瓦解各国的内部团结上。这一策略在韩国取得了最大的成功,导致韩国的君主和臣子之间出现了分裂。

在一切准备就绪后，秦王政迅速展开行动。他派遣内史腾（内史是官职，腾是名字，因为古代习惯用单字作为名字，所以没有姓）率领大军南下，成功地渡过了黄河。秦军势如破竹，迅速推进至韩国首都新郑城下。面对秦军的汹涌攻势，韩军几乎没有任何抵抗的机会。秦军一举攻陷新郑，俘虏了韩王安，并顺势占领了韩国全境。随后，秦国在韩地设立了颍川郡，并将郡治设在阳翟（今河南禹州）。秦军的攻势如同行云流水，一气呵成，展现出其强大的军事实力和战略眼光。

《史记·韩世家》中记录了这一历史事件："秦虏王安，尽入其地，为颍川郡。韩遂亡。"

至此，韩国宣告灭亡，其历史篇章也在此刻画上了句号。

祸患之降临，绝非凭空而至，其背后往往隐藏着一个由微小至宏大的累积过程。一个有远见的君主，就像能够洞察一切的智者，能够敏锐地捕捉到灾难的端倪，从而在防微杜渐中化解危机，避免事态恶化到无法挽回的地步。

然而，遗憾的是，韩国的君主并不拥有这样的智慧与能力。

在秦国逐一吞并六国的历史进程中，韩国首当其冲，成为了第一个被灭亡的国家。这一悲剧性的结局，实际上并非完全归咎于外部力量，而是韩国自身种下的恶果。战国纷争的时代背景下，韩国并未像其他诸侯国一样，在面对强大的秦国时奋发图强，而是沉溺于小聪明与苟且偷安之中。古人云："勿以善小而不为，勿以恶小而为之。"韩国长期以来的这种苟活心态，

第四章 战国棋局——局势的变幻莫测

无疑为其最终的灭亡埋下了伏笔。而秦国的进攻,只是在这座即将崩塌的大厦上轻轻推了一把。

在成功消灭韩国后,秦王政展现出了超乎寻常的宽容与大度。他并未对韩王安及韩国王室贵族采取极端的报复措施,而是给予他们生命与财产的最大保护。韩王安被俘后,秦王政甚至允许他继续居住在韩都新郑附近,并赐予其宽厚的待遇。相较于其他战俘的悲惨境遇,韩王安无疑成为了一个幸运的例外。

秦王政在处理韩国遗民的问题上采取的这种包容和温和的策略,实际上蕴含了深远的政治考量。他试图通过这种怀柔政策来塑造秦国仁慈和宽容的形象,并向其他诸侯国展示秦国的友好姿态。这样的做法不仅有助于减轻韩国遗民的反抗情绪,还在一定程度上减少了其他国家对秦国的敌视,为秦国的统一大业奠定了基础。可以说,秦王政的这一做法是一种高明的统战策略,目的是通过文化和心理层面的渗透来瓦解敌国的内部,加速统一的进程。

在秦国吞并韩国之后,其他五个国家面对秦军如洪水般汹涌的攻势,各自采取了不同的生存策略。有的国家选择通过外交手段在各国间穿梭,寻求脆弱的和平协议,这类似于古代棋局中的"求和"战术,试图在秦国的压迫下寻找生存的机会。有的国家则依赖于他们勇敢的将领和坚定的士兵,选择用武力抵抗,上演了一幕幕悲壮的抗争。然而,在战国末期的混乱中,也有国家因为内部矛盾的激化和政治腐败的蔓延,如同被虫蛀的梁柱，自身已经岌岌可危，面对外来的威胁，只能束手无策，成为时代变迁中不可避免的牺牲品。

第五章 精妙战略——智破赵国

经过长时间的战争考验，赵国就像一艘在汹涌波涛中摇摆的小船，随时可能被历史潮流吞没。更糟糕的是，赵王迁五年（前231），北部代地突然发生地震，这不仅加剧了自然环境的恶化，还引发了严重的粮食危机，对本就脆弱的国家经济造成重大打击，导致赵国国力急剧下降，民众的情绪也变得极度不稳定。

在这样的背景下，秦王政敏锐地抓住了这个难得的机会，于秦王政十八年（赵王迁七年，前229），果断发起了对赵国的全面进攻。

此番征战，秦王政将重任交给了王翦，使其统率精锐部队，如猛虎下山般直扑井陉关隘；同时，命杨端和引领河内之兵，分进合击，南北夹攻赵国都城邯郸，战略部署尽显深谋远虑。

面对秦军的凌厉攻势，赵王迁仓促应战，急令李牧担纲大将军之职，辅以司马尚为副将，调集全国兵力，誓死捍卫国家疆土，一场决定两国命运的决战即将开始。

然而，在战争的阴霾之下，王翦心中却难掩一丝对于对阵李牧的忧虑。这时，秦王政的一番话就像一根定海神针，稳定

第五章 精妙战略——智破赵国

了军队的士气,他承诺将亲自解决李牧这个心腹大患,为王翦清除障碍。

为了实现这一战略目标,秦王政巧妙运用古代兵法中的"反间计"。他秘密派遣使者潜入邯郸,用重金收买了赵国朝廷中以"谗言高手"著称的郭开。郭开曾因诬陷名将廉颇而声名狼藉,此番再度出手,于邯郸城内大肆散布流言蜚语,声称李牧和司马尚暗中与秦军勾结,意图叛国投敌。此计一出,不仅动摇了赵国军民对李牧的信任,也为秦军的胜利埋下伏笔。

根据《史记·赵世家》的详细记载:"秦人攻赵,赵大将李牧、将军司马尚将,击之。李牧诛,司马尚免,赵忽及齐将颜聚代之。赵忽军破,颜聚亡去。以王迁降。"

赵王迁,虽然坐在国君的位置上,但他的德行和智慧并没有达到相应的水平,正如古语所说:"德不配位,必有灾殃。"他在治理国家和处理政务时,缺乏深思熟虑和战略眼光,容易受到谣言的影响,无法辨别忠臣和奸臣。在没有进行充分调查的情况下,轻率地用宗室的赵忽(亦作赵葱)和投奔而来的颜聚替换李牧和司马尚这两位国家栋梁,这无疑是对赵国军事力量的严重削弱,也是他个人领导能力弱的直接反映。

李牧作为赵国的名将,他的军事行动信条之一便是"将在外,君命有所不受",这一点与廉颇相似。他坚信在战场上,根据实际情况灵活应变比盲目听从远在朝中的君王的命令更为重要。然而,与廉颇相比,李牧的命运显得更为坎坷。

面对赵王迁那道突如其来的撤换命令，李牧表现出了战略定力与深邃的政治洞察力。他非但未遵命而行，反而遣派赵忽与颜聚返回王宫，传达他的看法：此番变故，实际上是秦国精心构织的阴谋，目的是通过散布谣言来消除他这个抵抗秦国的核心力量。李牧严肃地警告说，如果赵王迁仅凭谣言就草率地处理忠诚的将领，那么赵国的灭亡将不可避免。

赵忽听了李牧的话，不禁为其凛然正气与深谋远虑所折服，打算返回首都报告实情。岂料，一旁的颜聚却心生异念，阻止了他。自从李牧接管前线指挥后，颜聚的光芒逐渐被掩盖，成为了军队中的边缘人物，他心中积累的不满和嫉妒如野草般疯狂生长。即使知道李牧遭人构陷，颜聚不仅没有伸出援手，反而将这视为一个机会，希望借此扳倒李牧，重新获得荣耀。

颜聚于是站出来，向军营展示了赵王迁的御印，一时间，军营内人心惶惶，秩序大乱。趁着这难得的混乱，颜聚下令对李牧进行突袭。在逃亡的途中，这位杰出的将领最终竟被自己的士兵所杀，他的悲剧性结局，不禁令人扼腕叹息，感慨英雄末路的悲凉与无奈。

李牧的死，如同一块巨石投入平静的水面，激起了军队中无尽的悲伤和哀悼之情。而在王宫中的赵王迁，却沉浸在自己编织的幻想之中，自满自得，妄以为仅凭一纸命令，便轻而易举地平息了一场莫须有的叛乱，其浅薄与自负，可见一斑。

赵国的这一行为，亲近奸佞，枉杀忠良，无疑是在为自身的悲剧命运铺路。一旦李牧这位军事支柱倒下，秦军的统帅王翦就像蛟龙入海，猛虎归山，无人能挡。

在战场上，王翦指挥自如，行动流畅，攻势猛烈，而赵军则像被推倒的多米诺骨牌一样，节节败退，溃不成军。秦王政十九年（前228），王翦仅用3个月时间，就乘胜追击，迅速平定了东阳（今河北太行山以东）地区。赵忽战死，颜聚则仓皇逃走。秦军士气高昂，势如破竹，一口气攻破了邯郸城，赵王迁最终沦为俘虏。

在被俘的那一刻，赵王迁的脑海中回响起了李牧生前的那句警世之言："李牧死，赵国亡。"此刻，这句话如同一把锋利的匕首，深深刺痛了他的心，让他心中五味杂陈，悔恨交加。

邯郸这座城市，素来以其固若金汤的防御体系著称，历史上多次抵御了强敌的侵袭，始终坚不可摧。然而，时移世易，昔日的辉煌终究未能抵挡住命运的捉弄，它在一片沉寂中悄然陷落，此情此景，令人叹息。

邯郸的失守，如同触发了连锁反应，导致赵国各地相继落入秦军手中，曾经辉煌一时的强国如今只剩下废墟和悲伤。

邯郸的陷落，无疑在国际舞台上投下了一枚震撼弹，令各国措手不及。要知道，赵国曾是战国七雄中与秦国并驾齐驱、势均力敌的存在，两国之间的较量，历来都是万众瞩目的焦点。然而，赵王迁的一时草率，却将赵国推向万劫不复的深渊，加速了其灭亡的步伐。

虽然赵王迁的政权已经彻底失去了希望，但赵国王族中那些不愿向秦国低头的勇士，却并未就此放弃。他们迅速联合起来，共同推举曾被赵悼襄王废黜的原太子赵嘉为新王，希望在废墟之上重建赵国的政权。在代城，赵嘉被拥立为代王，举起了反抗的旗帜。

第六章 螳臂当车——燕国的徒劳刺秦

历史上的许多例子都显示出一个深刻的社会心理学现象：如果一个人长期处于被压迫和侮辱的环境中，一旦他们积累了足够的力量来改变他们的状况，他们往往会表现出两种截然不同的性格特征：一种是变得冷酷无情，另一种是发展出强烈的同情心，用温暖回报他人。显然，秦王政的人生轨迹并没有走向后者，成为一个充满温情的领导者，而是变成了一个决策果断、行动坚决，甚至在某些方面显得无情的统治者。

在探讨这一现象时，我们必须将其置于当时特定的历史背景下审视。那是一个遵循"丛林法则"，强者生存的时代。试想，若非秦王政展现出那份果决、冷静，甚至在某些时刻被视为无情的领袖气质，他个人的命运又能延续多久？秦国的国运又将如何延展？是否还能实现那震撼史册的六国统一大业？

历史的进程往往充满变数，即便没有秦王政，或许会有另一位国君接过历史的接力棒，完成相似的壮举，但那无疑将是另一段截然不同的秦国史篇。

赵国作为秦王政心中复杂情感的起源地，其记忆并不全是痛苦的。在那段充满苦楚的岁月里，也曾闪烁着微弱的温暖光

第六章 螳臂当车——燕国的徒劳刺秦

芒,尽管这光芒太过微弱,无法治愈他内心深处的创伤。随着时间的推移,就连这仅有的温暖色彩也逐渐褪色、变质,成为了另一段复杂情感记忆的注脚。

在分析秦王政性格的转变和人际关系的复杂性时,一个不可忽视的人物便是其儿时玩伴——燕国太子姬丹。《史记·刺客列传》中对其记载如下:"燕太子丹者,故尝质于赵,而秦王政生于赵,其少时与丹欢。及政立为秦王,而丹质于秦。秦王之遇燕太子丹不善,故丹怨而亡归。"

秦王政与燕太子丹在童年时期都曾作为人质被留在赵国,这段经历意外地促成了他们之间的友谊。太子丹作为燕国的王位继承人,与当时还是人质的秦王政之间的友情,为后来的历史发展增添了一层特殊的色彩。

随着历史的推进,秦王政登基成为秦王,燕国为了维护两国的关系,决定派遣王室成员到秦国做人质,以此表达友好和臣服的态度。太子丹,基于对童年友谊的深刻记忆和自信,主动承担了这一任务,心中充满了对重逢的期待和对友谊进一步加深的憧憬。

然而,太子丹的想法虽然充满了情感和理想,却没有充分考虑到秦王政身份和心态的巨大变化。此时的秦王政,已经从一个无忧无虑的孩子成长为一个肩负国家命运、胸怀大志的君主,他性格中的冷酷和高傲一面日益凸显。对于秦王政来说,与太子丹的关系已不再单纯是人与人之间情感的维系,而是上升到了国与国之间利益与权力的博弈。

因此，这段童年友情的再次相遇，并没有成为加深两国友谊的纽带，反而因为双方立场和心态的差异，埋下了未来冲突的种子。

当太子丹满怀期待地踏上秦国的土地，希望与秦王政重温旧日的友谊时，现实却给了他一个冰冷的回应。秦王政的接待，远不如他预期的那样热情，而是出人意料的冷淡疏离。面对这种突如其来的变化，太子丹不得不正视一个残酷的事实：他们之间的友情，已无法穿越时空的阻隔，回到儿时的纯真和无忧无虑了。

于是，太子丹鼓起勇气，向秦王政提出了一个恳切的请求：希望能够回到燕国。秦王政的回答却如同一盆冷水，彻底浇灭了他的希望："等到乌鸦的头变白、马长出角的时候，就是你回去的时候。"这句话无疑是对太子丹回国愿望的断然拒绝，激起了他内心的哀伤和迷惑。

太子丹的困惑与不解，实际上是因为他没有意识到秦王政心态的变化。此时的秦王政，已不再是那个与他共嬉共戏的玩伴，而是一位胸怀统一六国大志的君主。在他的战略蓝图中，太子丹是燕国的象征，他的去留关乎秦国的利益与战略考量。相比之下，太子丹的思维仍停留在过去的温馨记忆中，未能跟上秦王政思想的步伐，两人的心理差距因此愈拉愈大。

在这样的背景下，太子丹的怨恨情绪自然而生，他秘密地

第六章 螳臂当车——燕国的徒劳刺秦

写了一封信,寄给了远在燕国的父王燕王喜。在这封密信中,太子丹详细描述了秦王政的决绝态度,并急切地请求燕王喜想办法救他离开秦国的囚笼。这一举动,不仅标志着太子丹与秦王政个人关系的彻底破裂,也预示着燕国和秦国之间紧张关系的加剧。

燕王喜在阅读了太子丹的秘密信件后,心中焦急万分,立刻着手制定了详尽的救援计划。他精心挑选了一群外表看似普通,实则身怀绝技的民间高手,执行了一次紧张刺激的营救行动,最终出人意料地将太子丹从秦国的严密监视中成功救出。

太子丹一回到燕国,燕王喜就立刻将国家管理的重任交给了他,而燕王喜自己则愿意退到幕后,让这位经历了重重考验的继承人接管权力。出乎意料的是,权力的突然到来并没有引导太子丹走向理智和宽容,相反,他选择了一条充满复仇火焰的道路。他决定利用自己手中的权力,向秦王政讨回在秦国所受的羞辱。

谈到燕国,它在战国七雄中的历史地位非常独特。这要追溯到周武王推翻商朝之后,为了巩固周王室的统治,他广泛分封诸侯,而燕国的开国君主正是姬姓宗室成员——燕召公。这一血脉相连的关系,使得燕国在诸侯国中享有崇高的历史地位,仅次于周王室本身。在周武王分封的众多姬姓诸侯中,燕国就像一颗璀璨的星星,经历了春秋时期的纷争,直到战国时期,它仍然是唯一幸存的姬姓诸侯国,成为了周王室王族和姬姓家族之间不可替代的纽带。

因此，太子丹的复仇之心，不仅涉及个人恩怨，而且在某种程度上触动了燕国乃至整个姬姓家族的历史情感和尊严。然而，这场复仇的火焰，最终将如何燃烧，又将对燕国的命运产生怎样的影响，却是当时无人能预料的。

诚然，一个国家的存续时长并不能直接等同于其综合实力的强弱。燕国，尽管其历史底蕴深厚，但在战国七雄的实力排行中，却位居倒数第二，仅次于实力最为薄弱的韩国。这一现状，无疑与其悠久的历史地位形成了鲜明的对比。

燕国的地理位置，亦是其发展道路上的一大挑战。它位于古代中国的最北端，频繁遭受北方少数民族的侵扰。这些外患，本应是锤炼国家意志、提升军事实力的契机，谁知燕国却未能像赵国那样，在与少数民族的抗争中不断成长和壮大。相反，它逐渐走向了衰落，最终只能与由北方少数民族建立的代国平起平坐，互相称兄道弟，这无疑是对燕国昔日辉煌的一种讽刺。

当我们深入研究一个国家的兴衰变化时，不难发现，天时、地利、人和三者缺一不可。而在这三个因素中，"人和"尤为关键。因为人是历史的创造者，是推动社会进步的根本力量。而"人和"所涵盖的内容，不仅仅是人口数量的多少，更重要的是人们的思想观念、行为模式以及彼此之间的团结协作。这些因素，共同构成了一个国家发展的内在动力，决定着其未来的走向与命运。

第六章 螳臂当车——燕国的徒劳刺秦

燕国从上到下都有一种独特的思想和行为方式。这个国家的人民倾向于追求夸张和与众不同,这种文化特性在民间文化中特别明显,促成了一种繁荣且多样化的文化环境。然而,这种文化氛围也间接导致了燕国内政的混乱,成为阻碍它像秦国那样实现自我强化、自我提升和自我完善的一个重要因素。

值得注意的是,燕国的衰弱与韩国相比,呈现出截然不同的特征。韩国虽弱,却能知行合一,正视自身的不足;而燕国则始终不愿正视自己的弱点,反而沉浸在一种自我膨胀的幻觉之中,自诩为强大无敌、独步天下。

当秦王政得知太子丹逃回燕国的消息时,他并未选择立即派兵追捕或兴师问罪。对于他而言,他与太子丹的个人恩怨已显得微不足道,他更关注的是即将到来的征伐大计。齐、楚、魏、燕四国,无一能够逃脱秦国的锋芒。而燕国,很快便成为了秦国的下一个攻击目标,这使得燕国的君臣陷入了深深的恐慌与不安之中。秦王政的这一举动,无疑是将国与国之间的利益关系贯彻到了极致。

太子丹回到燕国之后,并没有将精力集中在国家的管理和进步上,而是放弃了传统的治国方略,开始热衷于寻找和招募那些在江湖上有着特殊技能的人物。这种转变可能源于他被救之后,对江湖世界产生了深厚的情感和敬仰。

太子丹可能想要效仿秦孝公的做法,毕竟自从商鞅变法以来,秦国的国力迅速增强,已经成为一个不容置疑的事实,让其他六国感到恐惧。即使六国联合起来对抗秦国，也难以动摇秦国的强大地位。

赵国被秦国灭亡后，秦国派遣了精锐的部队驻扎在赵国的旧土上，对燕国来说，这就像是一把悬挂在头顶的剑。面对国家的危机，太子丹虽然非常焦急，却找不到好的办法。于是，他把希望寄托在了那些江湖异士身上，希望从他们那里得到有益的建议，帮助燕国摆脱困境，实现繁荣。太子丹的这种做法，显然是在无计可施的情况下的一次冒险，试图通过采取非常规的手段来改变局势。

然而，捷径往往是最难以寻觅，也是最难以行走的道路。太子丹每日与江湖人士为伍，却未能从中获得任何实质性的建议。直到一位神秘人物的出现，为燕国的命运带来了一丝太子丹自认为的转机。

这位人物就是秦国声名显赫的将领樊於期。在一次与赵国军队的激战中，他遭遇了重大的失败，军队全军覆没，战绩惨淡。面对这样的惨败，樊於期心中充满了恐惧，害怕回国后会受到严厉的惩处，因此他选择了逃亡。

樊於期逃亡之旅的第一站选择了魏国，但魏国的君主明白他的身份非常敏感，作为秦国的逃将，收留他可能会引发大麻烦，因此魏国没有犹豫就拒绝了他的避难请求。樊於期无奈，只得继续他的流亡生活，最终来到了燕国。

太子丹得知樊於期的到来，如获至宝。他认为这位经验丰

第六章 螳臂当车——燕国的徒劳刺秦

富的将领必能为燕国带来转机。于是,太子丹秘密地将樊於期藏匿起来,以期在未来某个关键时刻发挥其作用。太子丹的这一行动却遭到了他的老师鞠武的强烈反对。鞠武清楚地知道,留下樊於期意味着与秦国结下深仇大恨,这对燕国来说是一个巨大的风险。他耐心地劝说太子丹,希望他能改变主意,放弃这个危险的计划。

但太子丹此时已如困兽,他深知自己已无路可退。在绝望之中,他将所有的希望都寄托在了樊於期的身上,期待着他能为燕国带来一线生机。

自从樊於期来到燕国,太子丹就与他建立了密切的关系,两人经常一起深入交谈,共享美酒,他们之间的友谊因此逐渐变得牢固。他们能够建立起如此深厚的关系,很大程度上是因为他们有一个共同的敌人——秦王政。这种共同的敌意就像一条纽带,将他们紧密地联系在一起。

太子丹把樊於期当作自己的知己,不仅因为他们都同样憎恨秦王政,更因为他相信樊於期能够帮助他实现复仇的计划。于是,太子丹向樊於期透露了自己精心策划的复仇方案:找到一个武艺高强的人,潜入秦国,刺杀秦王政。他认为,只要秦王政一死,他所受的屈辱就能得到洗刷,燕国也能因此得到保全,甚至其他诸侯国也能避免秦国的威胁。

然而,樊於期作为一位身经百战的将领,对于太子丹的这种奇巧想法并不十分认同。他清楚地知道,秦王政虽然可恶,但真正的症结在于强大的秦国。即便秦王政被杀，秦国依然屹立不倒，新的国君很可能会更加狠毒，对燕国构成更大的威胁。因此，樊於期对太子丹的计划持保留态度，认为这并不是解决问题的根本方法。

太子丹的看法与樊於期大相径庭，他坚信秦王政才是所有纷争的根源。回顾秦国的历史，虽然历代君主都有过军事行动，但并没有真正消灭六国中的任何一个。唯独秦王政，胆识过人，敢于将消灭六国的野心付诸实践。因此，太子丹认为，只有除掉秦王政，才能从根本上解决问题。

事实证明，太子丹的这种想法过于简单。实际上，自秦国崛起以来，其东进的势头已经不可阻挡，消灭六国的想法早已深植于心，只是在等待合适的时机。

尽管太子丹有了刺杀秦王政的想法，在实际操作上却遇到了难题。他不确定该找谁来执行这个艰巨的任务。在他的江湖朋友中，虽然有几个候选人，比如夏扶、宋意、秦舞阳等，但太子丹总觉得他们缺少一些关键的素质。于是，他向他的老师鞠武寻求帮助，希望鞠武能给他一些指导。

鞠武见太子丹心意已决，便向他推荐了田光先生。根据田光先生自己的描述，他学识渊博，曾涉猎武术、巫术、长生不老术、辩术等多个领域，自认为智谋深邃且勇敢沉着。太子丹听了之后，仿佛看到了一线希望，立刻前往田光的住处。但是，当他看到满脸皱纹、步履蹒跚的田光时，心中不禁大失所望。

第六章 螳臂当车——燕国的徒劳刺秦

但转念一想,毕竟是鞠武推荐的人,应该还是有些真才实学的。于是,太子丹向田光坦白了自己的计划,并请求田光给予指导。

田光谦虚地表明自己年事已高,精力不再充沛,无法再参与国家大事的策划。但他并没有让太子丹失望,而是向太子丹推荐了一位名叫荆轲的能人。田光断言,荆轲有足够的能力承担起这项艰巨的任务。

荆轲原本是卫国人,他的祖先原本居住在齐国,后来因为某些原因迁移到了卫国,并在那里得到了庆卿的称号。当他来到燕国时,燕国的人们亲切地称他为荆卿。

荆轲自幼便对书籍和剑术充满了浓厚的兴趣。他曾尝试游说卫元君,希望能为自己的才华找到用武之地,但遗憾的是,他并未得到卫元君的赏识。从那以后,荆轲便开始了他的游历生涯,足迹遍布榆次、邯郸等地。在榆次,他与剑客盖聂就剑术进行了深入的探讨;在邯郸,他又与鲁句践就博局的路数展开了激烈的争执。这些经历不仅丰富了荆轲的阅历,也锻炼了他的意志和才能。

最终,荆轲来到了燕国,并在这里与田光和高渐离两位朋友结下了深厚的友谊。他与高渐离之间的友情尤其被后人传颂,成为历史上的一段美谈。直到今天,当人们提到荆轲时,就会自然地想起那位为他击筑的高渐离;而提到高渐离时,人们也会想到与他情同手足、并肩作战的荆轲。

荆轲虽然经常出入酒馆,与酒友们交往,他本人却是一个性格内敛、稳重、学识渊博,并且具有侠义精神的人。正因为这样的性格和才华,他赢得了田光的赏识和优待。也正是田光的极力推荐,荆轲才有机会面见太子丹。

在前往拜见太子丹之前,田光向荆轲吐露了真心话:"我听说,一个有德行的人做事,应该让人完全信任。现在太子却告诫我,'这些事是国家机密,希望先生不要泄露。'这不是说明太子对我有所怀疑吗?如果做事让人怀疑,那就不是有节操的人。请你立刻去见太子,告诉他我已经死去,以此来证明我保守秘密的决心。"说完,田光毫不犹豫地自刎,用这种悲壮的行为来展示他的忠诚。

荆轲带着沉重的心情,走进了太子丹的宫殿,将田光的悲壮行为和临终遗言全部告诉了太子丹。太子丹听到这个消息后,悲痛至极,"再拜而跪,膝行流涕",表现出深深的哀悼和遗憾。在短暂的沉默之后,太子丹直接说明了召见荆轲的原因。他详细分析目前燕国面临的危机:秦国在吞并韩国之后,其强大的军队已经部署在燕赵的边境,就像乌云压顶一样,对燕国构成了前所未有的巨大威胁。为了保护燕国的生存,也为了维护诸侯的安全,迫切需要一个能够除掉秦王政的计划,这是当前最紧迫的任务。

荆轲听完太子丹的陈述后,对太子丹的崇高理想表示深深的敬意。但是荆轲以自己才能低劣不能胜任为由拒绝了这个艰巨的任务,在太子丹的坚决请求下,荆轲还是答应了,当即立

第六章 螳臂当车——燕国的徒劳刺秦

下重誓,誓言要取下秦王政的项上人头,以报太子丹的信任。

荆轲清楚地知道,刺杀秦王政绝非易事,必须做好万全的准备才能行动。于是,他向太子丹提出了自己的需求,并表示会全力以赴地投入到这项任务中去。而太子丹也承诺会全力配合荆轲的行动,为他提供一切所需的支持和帮助。

荆轲慢慢地说:"我需要的,是闻名天下的赵国工匠徐夫人打造的一把匕首,这是刺杀的利器。此外,我还需要一个得力的助手。"需要说明的是,荆轲所说的徐夫人,姓徐,名夫人,实际上是男性,来自赵国,是铸剑界的大师。

太子丹听到这里,急忙说:"徐夫人的匕首可谓天下之利,想要得到也并非无门,但是,这个助手该去哪寻呢?"

荆轲回答:"我知道有一个人,名叫盖聂,他的武艺非常高强,如果有他的帮助,刺杀秦王政的事情肯定能成功。"但是,盖聂这个人性格孤僻,现在正闭门不出,太子丹没有时间等待他改变主意。

局势紧迫,秦军已经逼近边境,荆轲却还没有行动。太子丹非常焦急,亲自去找荆轲,催促他说:"秦军已经逼近边境,易水之畔,转眼就到。那时候,我们怎么能幸免?"

在太子丹的再三催促下,荆轲终于准备出发。临行前,他向太子丹提出:"我还需要两样东西,等这两样东西准备好了,我马上就出发。"

太子丹虽然心里感到无奈,但还是急切地问:"到底是什么东西？"

荆轲严肃地说："燕督亢之地图和樊於期的首级。"督亢地图是河北高碑店、涿州、固安等地的地形图，这些地方土地肥沃，资源丰富，战国时期的各国都想要得到。而将秦将樊於期的首级献给秦王，更能体现此次入秦的决心，以此当诱饵也让这次行动更加艰巨和悲壮。

太子丹听了荆轲的话后，不禁皱起了眉头，心中暗自思量。在荆轲的逻辑架构中，督亢地图与樊於期之首级似乎被赋予了与盖聂相等的价值。但是，在太子丹的认知体系中，这三者之间并无直接联系，甚至可以说毫无可比性。毕竟，太子丹与传说中的盖聂素未谋面，对其武功高强之说也仅停留在听说而已。即便盖聂真的拥有上天入地、无所不能的本事，太子丹也难以接受用樊於期的首级去交换。

太子丹提高声调，质疑道："秦国一直对督亢地区虎视眈眈，我们在那里部署重兵，就是为了防御秦国的侵略。现在，你却要主动把地图交给秦王政？这难道不是自找麻烦吗？另外，樊於期是因为信任我才来投靠我，我既然接纳了他，就应该保证他的安全。你却要我杀他？这样先仁慈后残忍，让我以后怎么面对世人？你到底怎么打算的？"

荆轲从容地答道："如果要刺杀秦王政，首先要做的就是接近他。而要接近他，自然需要利用他感兴趣的东西作为诱饵。"

太子丹闻言，陷入沉思。荆轲的话虽有理，但要他做出这样的决定并不容易。经过一番权衡，太子丹终于下定决心，咬牙说道："督亢地图可以给你，但樊於期的首级，我绝不能给你。"

荆轲观察到太子丹的坚定态度后，决定不再坚持自己的意见，转而聊起其他话题，最后礼貌地告别离开。他明白太子丹心中的矛盾和不忍，但为了更大的利益，必须有人做出牺牲。正如他即将前往秦国刺杀秦王政，便是一条不归之路。

荆轲独自一人前往樊於期的住处。他开门见山，直言不讳地说道："我即将执行刺杀秦王政的任务，但我还需要一个关键的物品，希望你能慷慨相助。"

樊於期闻言，慷慨陈词："你但说无妨，只要是我力所能及之事，我必当全力以赴，绝无二言。"

荆轲于是将他与太子丹的计划、安排和盘托出。他解释道："为了接近秦王政，我必须携带他最感兴趣的东西作为诱饵。"

樊於期听后，沉默良久。他知道自己的性命在家人离世之时便已不属于自己，之所以苟延残喘至今，便是为了有朝一日能够亲手除掉秦王政。如今，有人愿意助他一臂之力，完成这个心愿，他自然愿意付出一切。于是，他毅然决然地说道："既然如此，我这颗头颅便交给你了。"说完，荆轲抽出宝剑，手起刀落，樊於期的首级便应声而落。

当太子丹得知樊於期已经死去，他感到极度悲痛，仿佛失去了灵魂，整个人呈现出一种即将崩溃的颓靡状态。他言辞恳切地对荆轲说："你千万不能辜负了樊於期的期望啊！"

荆轲郑重其事地点了点头，但太子丹的忧虑并未因此消散。他继续追问荆轲："你究竟打算如何实施这次刺杀行动呢？"

荆轲从容不迫地答道："我计划先将匕首巧妙地藏匿于地图之中。待为秦王政展示地图时，他必定会要求我在他面前缓缓展开。到那时，一旦匕首显露，我便可趁机刺向秦王政的心脏，完成我们的任务。"然而，太子丹听了这个计划后，并没有表现出预期的激动，反而头脑一片空白，仍旧沉浸在深深的哀伤之中。

荆轲在即将出发前，特意去找了高渐离。他向高渐离透露了这次刺秦的秘密计划，只希望在这个世界上，至少有一个人能真心为他送行，见证他的勇气和决心。

一切准备就绪后，太子丹又安排秦舞阳陪同荆轲一起前往，以协助他完成这项艰巨的任务。

在荆轲启程前往秦国的这一日，太子丹率领所有知晓计划的人前来为他送行。他们身着洁白的衣裳，头戴白帽，这一身装束似乎冥冥之中预示了荆轲此行的悲壮结局。当一行人抵达易水岸边时，随风飘来高渐离那激昂的击筑声。荆轲心领神会，随着节拍，以苍凉而凄婉的声调，高声吟唱道："风萧萧兮易水寒，壮士一去兮不复还！"众人听到悲壮的歌声，都被荆轲英勇无畏的精神所感染，纷纷落泪。

这句流传千古的诗句，充满了人生的无奈和悲壮。荆轲英

第六章 螳臂当车——燕国的徒劳刺秦

勇牺牲后,这句话成为了中华文化中的经典,仿佛在警醒后人:在某些关键时刻,即便我们预知结局可能注定失败,但为了正义和信念,我们仍然应该勇敢地前进,毫不畏惧。在这种情况下,成败已经不再是最重要的,最重要的是那种坚定不移、勇往直前的精神。

由太子丹与荆轲共同策划、导演的这出历史大戏——荆轲刺秦,即将在历史的舞台上震撼上演。关于荆轲刺杀秦王政的始末,《史记·刺客列传》与《战国策·燕三》中均有详尽的记载。其中的细节描写,堪比小说般精彩,令人叹为观止。

第七章 摧枯拉朽——王翦攻燕的迅猛

荆轲到达咸阳后,被这座城市的活力和秩序深深打动。城中的百姓行色匆匆,却皆昂首挺胸,显得神采奕奕。他们的生活节奏和工作效率,显然是燕国所难以企及的,甚至超越了其他诸侯国的水平。

在预定的觐见日,荆轲手持装有樊於期首级的盒子,步履坚定地走在前方,而秦舞阳则紧随其后,手里紧紧握着那幅珍贵的督亢地图。

当二人到达宫殿门口时,侍卫开始对他们进行细致的搜身检查。秦舞阳心中本就忐忑不安,侍卫的靠近更是让他感到恐惧,脸色也随之变得异常难看。他们通过了第一道检查点,一直走到秦王政宝座的台阶下方才停下脚步。这时,两侧的文武大臣都直直地盯着他们二人,气氛凝重而紧张。

秦王政已经注意到了荆轲身后秦舞阳的不安表情,于是他故作不经意地问道:"这位使者脸色不好,是不是身体不舒服?"

荆轲额头上虽已冒出细小的汗珠,但他还是尽力保持镇定,回答说:"大王请不要介意,他出身低微,没见过这么大的场面,难免会感到害怕。请大王原谅他的失礼。"

第七章 摧枯拉朽——王翦攻燕的迅猛

秦王政微微一笑,接着问道:"你手里拿的是什么?"

荆轲回答道:"这是樊於期的首级。"

秦王政听了,用眼神示意身边的侍卫。侍卫立刻上前,打开盒子,只见樊於期的首级赫然躺在其中。

秦王政又问道:"樊於期的首级可是他自愿给你的?"

荆轲冷静地回答道:"不是,这是太子丹为了向大王表示敬意,亲手斩下的。"

秦王政心中暗自冷笑,随即指向秦舞阳,意味深长地说道:"你,将地图呈上来。"

此刻的秦舞阳已经完全慌了,他身上的每一根汗毛都在颤抖,腿脚也不听使唤,只能呆呆地站在那里,对秦王政说道:"大王,不如还是让侍卫将地图呈给您吧。"

秦王政轻蔑地一笑,然后用下巴示意荆轲:"既然这样,那就由你来呈上吧。"

荆轲从容自若地从秦舞阳手中接过那幅承载着重大使命的地图,深吸一口气,以一种坚定而沉稳的步伐,一步一个台阶地迈向秦王政的宝座。

秦王政见状,便迅速命人搬来一张桌子。荆轲将地图轻轻放置上面,然后缓缓展开。随着地图的慢慢展开,一道耀眼的寒光突然闪现,瞬间吸引了秦王政和荆轲的注意。就在这千钧一发之际,荆轲展现出他过人的敏捷和机智。他迅速抓起隐藏在地图中的匕首,毫不犹豫地朝着秦王政的心脏部位猛刺过去。

岂料，秦王政的反应同样迅速，他灵巧地躲过了这致命一击。

荆轲并没有因此而气馁，而是继续对秦王政发起了一连串的攻击。他用左手紧紧抓住秦王政的衣袖，右手紧握匕首，努力向前刺去。在这危急时刻，秦王政凭借他惊人的反应和力量，成功地从荆轲的手中挣脱。随着一声布料撕裂的声音，秦王政的衣袖被撕断，他的身体也因为反作用力向后倒去。

随着秦王政的突然倒地，下方的大臣们终于从震惊中惊醒过来。他们纷纷高呼："大王小心啊！"然而，却没有人敢贸然上前帮忙。这是因为事发实在太过突然，大臣们一时之间无法做出反应。再者，秦国的法律也规定，殿上的侍从和大臣不得携带任何兵器，必须在殿堂的阶下排列，没有秦王政的允许，任何人都不得登上台阶。因此，在面对这突如其来的变故时，大臣们只能束手无策地站在原地。

荆轲再次鼓足勇气，猛扑向秦王政。秦王政亦不甘示弱，迅速爬起，灵活地向一根柱子跑去，企图借助柱子来躲避荆轲的追击。此时，下方的大臣们焦急万分，纷纷高呼："大王，快拔剑！拔剑自卫！"秦王政闻言，急忙伸手去拔腰间的长剑。谁料，由于剑身过长，他必须稳住身子，用力拉扯才能将剑拔出。在这生死攸关的紧急时刻，秦王政竟一时之间无法拔出剑来。

荆轲紧追不舍，如影随形地跟在秦王政身后。两人围绕着柱子展开了激烈的追逐战。就在这千钧一发之际，一位医官猛然间将自己的药箱奋力扔向荆轲。荆轲被这突如其来的攻击砸得有些晃神,而秦王政则趁机将剑推至背后,站稳脚跟,用尽全身力气,只听"刺棱"一声,终于将长剑拔了出来。他立即转身,顺势朝着荆轲的左腿挥剑砍去。

荆轲咬紧牙关,强忍着腿部传来的剧痛,奋力举起手中的匕首,向秦王政用力一掷。秦王政眼疾手快,迅速转身躲开,匕首擦着他的身体飞过,最终击中了旁边的铜柱。荆轲知道自己大势已去,无法再完成使命,于是他索性坐在地上,两条腿像簸箕一样摊开,倚靠在柱子上放声狂笑。他感叹道:"事情之所以没有成功,是因为我想生擒秦王政,逼迫他签订盟约来回报太子丹。没想到,大事竟然未成!"

秦王政见状,举起长剑再次刺向荆轲。荆轲虽然英勇抵抗,但最终还是倒在了秦王政的剑下。荆轲的英勇和悲壮的结局被永远铭记在历史之中,成为了后人传颂的故事。

自从荆轲踏上刺杀秦王政的征途,太子丹的心情就陷入了深深的忧虑和恐惧之中,每一天都过得心神不宁。直至那不幸的消息传来,太子丹的精神支柱瞬间崩塌,哀伤之情溢于言表。这份悲痛,不仅源自于对荆轲壮烈牺牲的深切哀悼,更蕴含着对未来局势茫茫然不可知的绝望与恐惧。

尽管燕王喜已将国家大权交给太子丹,但他本人对秦、燕两国之间的紧张局势始终保持着高度的警惕。当刺杀行动失败的消息传来,燕王喜与太子丹面面相觑,无言以对,因为他们都清楚地意识到，一个残酷的现实已摆在眼前：燕国的命运，恐将难以挽回。

秦王政二十年（前227），秦王政一声令下，王翦率领的大军如同雷霆万钧般向燕国发起了全面进攻。

《战国策·燕三》中以细腻的笔触，为我们描绘了这段惊心动魄的历史片段："秦大怒燕，益发兵诣赵，诏王翦军以伐燕。十月而拔燕蓟城。燕王喜、太子丹等，皆率其精兵东保于辽东。"

当王翦统率着浩浩荡荡的大军兵锋直指燕境的消息传来时，太子丹陷入了前所未有的困境之中，其心境之复杂，仿佛被困在一盘棋局中，每一步都被紧逼，已无退路。面对这等存亡绝续的危急关头，他不得不动员燕国全境，征集起十余万精兵，誓要在这历史洪流中，为燕国的存续搏得一线生机。

值得注意的是，这场即将到来的冲突，并不是一场孤立的战斗，而是战国末期动荡不安、强国争霸大局中的一个环节。代王嘉原本希望能够在代地保持一定的安宁，梦想着避开战乱，让百姓得到片刻的和平。然而，他的这一计划很快就破灭了。秦国的军队不仅打破了燕国的平静，也迫使代王嘉不得不重新审视自己的立场。

毫无疑问，这是一场力量悬殊的战斗。面对威势迅猛的秦军，燕军的抵抗如同螳臂当车，毫无作用。

在紧急的局势下，燕王喜与太子丹携带着亲信幕僚，像被

第七章 摧枯拉朽——王翦攻燕的迅猛

疾风卷起的落叶一样,匆忙地离开了即将被秦军占领的蓟城,一路向东,目标是辽东城(今辽宁辽阳)。与此同时,燕国的主力军队并未选择直接与秦军硬碰硬,而是巧妙地在蓟城与辽东城之间的战略要地驻扎下来,意图构筑起一道最后的防线,进行殊死抵抗。

身处辽东城困境之中的太子丹,并未放弃希望,而是暗中筹划着新的战略。他派遣使者穿越重重险阻,前往代国,向代王嘉请求援助,意图联合两国之力,共同抵御秦国的攻势。

提到代王嘉,他的身世可谓一波三折。在秦国攻克邯郸、活捉赵王迁的动荡时刻,赵嘉凭借机智与勇气,在混乱中逃脱,并在代地自立为王,史称代王嘉。然而,这位新王的宝座并没有给他带来片刻的安宁,秦国的威胁如影随形,使他时刻处于紧张与忧虑之中。

当太子丹的求援使者到达代国时,赵国的勇士们急切地想要与秦国决一死战,以洗刷亡国的耻辱。但是,代王嘉却显得犹豫不决,态度模糊。面对部下的焦虑和不满,一些激进的将领甚至在代王嘉还没有下令的情况下,就毅然决然地带领着赵国剩余的军队,踏上了前往燕国的征途,誓言要与秦军进行一场生死决战。

这一场景,深刻地揭示了那个时代复杂多变的政治格局以及人心的向背。

燕、赵两国的此次军事联盟,堪称多年来最为诚挚与紧密的一次合作，往昔那种各自为政、互不协调的局面已不复存在。遗憾的是，很多事情的发展，是不会以人的意志而转移的。即便双方精诚团结，也未必就能成为战场上的决胜关键。

在易水边，秦攻燕之战的大幕渐渐拉开，秦、燕、代三国的军队在这里陷入了紧张的对峙。王翦这位指挥着三十万精锐骑兵的秦国杰出将领，他的军队曾经如同锋利的刀刃一般横扫赵国，锐不可当。当他刚到达这片战场时，可能内心还对燕国薄弱的防御线有些轻视，认为敌军会在他压倒性的军力面前迅速溃败。

然而，现实却给了他一个意外的"欢迎"。在易水的东岸，燕军已经准备就绪，战旗飘扬，显示出他们坚定的抵抗意志和决心，准备迎接一场关乎命运的决战。

王翦素以谨慎著称，面对这样的局势，他没有轻举妄动。因为他非常清楚，虽然对手看起来处于下风，但在绝望中迸发出的强烈抵抗往往更加危险。于是，他果断下令全军安营扎寨，避免在敌人士气正旺、团结一致的时候强行过河，陷入不必要的风险之中。

在王翦的指挥帐中，两位副将特别引人注目：一位是王翦的儿子王贲，他从小就跟随父亲南征北战，已经成长为一名勇敢的将领；另一位是同样智勇双全的李信，他对战场也有着敏锐的洞察力。这两位年轻的指挥官，看到对岸的联军虽然是由残余的部队组成，但他们展现出的团结力量不容轻视，心中感

第七章 摧枯拉朽——王翦攻燕的迅猛

到不安，于是向王翦建议，应该趁着敌人尚未稳定阵脚，迅速发动全面攻击，以迅雷不及掩耳的速度决定战局。

王翦听了他们的话，嘴角露出了一丝微笑，眼中闪烁着深邃的光芒，他缓缓说道："两位年轻将领的勇气和无畏值得称赞，但似乎有些急躁。兵法上说，'避其锐气，击其惰归'，就是指要避开敌人的锐气，等到他们士气低落时再攻击，这是控制士气的精髓。目前，燕国和代国的军队刚刚集结，他们互相鼓舞，士气高涨。如果我们现在强行进攻，可能会在渡河时遭到他们的反击，这对我军非常不利。相反，我们应该耐心等待他们的士气自然消退，以逸待劳，这才是上策。"

王翦的这番话，既是对《孙子兵法》精髓的深刻理解，也是对战场心理战的精妙运用。他以沉稳的心态，静待对手的躁动与疲惫，计划在最合适的时机发动致命一击，这不仅是战术上的智慧，更是对人性与战争规律的深刻理解与把握。

毋庸置疑，王翦深谙用兵之法。几日之后，随着王翦的一声令下，李信率领着雄师劲旅，如猛虎下山般强势来袭，向燕赵联军发起了猛烈攻击。面对这生死存亡的关头，太子丹展现出惊人的决心与勇气，他将燕国仅存的全部主力军以及远道而来驰援的赵军，全部投入到了与李信的决战之中，决心背水一战，以求一线生机。此时的太子丹，已然是孤注一掷，没有任何退路可言。

而李信方面也同样面临着巨大的压力。对于燕国的征服，他志在必得，因为只有一战成功，他才能在秦军中脱颖而出，赢得属于自己的荣耀与地位。

于是，秦军与燕赵联军之间展开了一场惊心动魄的殊死搏斗。战场上，双方将士奋勇杀敌，血染疆场。最终，燕国的主力军与前来支援的赵国残余部队，都被李信率领的秦军歼灭。

目睹着大势已去，太子丹心中充满了无尽的悲凉和无助。他意识到自己无法改变局势，于是主动将管理国家的大权归还给了燕王喜。然而，这权力对于此时的燕王喜来说，无异于一块烫手的山芋，让他感到沉重而难以承受。

燕军的惨败，使得燕王喜心灰意冷，他萌生了放弃辽东城，逃往最北方苦寒之地的念头。这一决定，对燕国的未来无疑是又一次沉重的打击。

据《战国策·燕三》记载："秦将李信追击燕王。王急，用代王嘉计，杀太子丹，欲献之秦。秦复进兵攻之。五岁而卒灭燕国，而虏燕王喜。秦兼天下。"

文献中详细记载了李信对燕王喜的穷追猛打。面对李信率领的秦军紧追不舍，燕王喜在逃亡的途中，心中满是焦虑与挣扎。他清楚，如果无法摆脱秦军的追击，燕国的灭亡将在所难免。在这生死存亡的关键时刻，代王嘉的建议如同黑暗中的曙光，让他看到了一线希望。

代王嘉直言不讳地指出，秦国出兵攻打燕国的根本原因在于太子丹派荆轲刺杀秦王政的事件。这一举动，无疑成为了秦燕两国之间不可调和的矛盾与仇恨的核心。因此，牺牲太子丹，或许是缓解两国关系、拯救燕国命运的唯一出路。

对于太子丹而言，这却是一场突如其来的噩梦。他万万没有想到，自己最终会以这种方式结束生命，走向被自己的父亲所杀的悲惨结局。燕王喜为了保住燕国最后的一线生机，不得不做出艰难的选择，将太子丹的首级献给秦王，希望能够以此换取和平。

随着太子丹的离世和燕国的名存实亡，秦王政的注意力也逐渐从燕国身上转移开来。他开始将目光投向下一个目标——魏国，继续他统一天下的宏伟大业。

诚然，即便秦王政的征伐之矛暂时偏转了方向，但燕国的灭亡已成为不可逆转的历史趋势。直到秦王政二十五年（前222）尘埃落定，秦王的铁蹄踏平了魏国与楚国的疆土之后，秦王政才重新将目光投向辽东半岛，那里燕国的残余势力仍在苟延残喘。于是，一纸命令，一支精兵，便如秋风扫落叶般，将燕国的最后一点希望也湮灭于无形，燕国的历史篇章至此缓缓合上。

回溯战国七雄的辉煌岁月，燕国虽不像其他六国那样频繁出现在历史记载的战火之中，但在燕召公执政的短暂黄金时代，它也曾有过一时的辉煌，尽管这种辉煌很快消失在历史的迷雾中。

《史记·燕召公世家》中，司马迁对燕召公的仁政给予了极高的评价:"召公奭可谓仁矣!甘棠且思之,况其人乎?燕北迫蛮貉,内措齐、晋,崎岖强国之间,最为弱小,几灭者数矣。然社稷血食者八九百岁,于姬姓独后亡,岂非召公之烈耶!"

大意是:燕召公的仁德深厚。百姓尚且怀念甘棠树的阴凉,更何况他的德行恩泽呢?燕国地处边陲,外有蛮族侵扰,内有齐、晋等强国的威胁,它在夹缝中求生存,国力最为薄弱,多次面临灭亡的危险。然而,燕国却能延续近千年,成为姬姓诸侯国中最后灭亡的国家,这难道不是燕召公遗留下的功绩吗?

司马迁的这段论述,不仅揭示了燕国在强敌环伺、内外交困的艰难环境下,竟然能够奇迹般地存续八九百年,直到姬姓封国中最后灭亡,这无疑是对燕召公深远影响的赞颂。

遗憾的是,自燕召公之后,燕国的君主中再也没有出现过具有远见卓识和仁德之心的领导者。尤其是最后一位国君燕王喜,他的统治充满自私和怯懦,庸碌无为,甚至不惜牺牲亲子以求得一时的苟安,这种昏聩无能,无疑为燕国的最终消亡埋下了伏笔。

燕国的兴衰历程,不仅是对君主领导力与国家命运紧密相连的深刻展示,也是对后世的警示,提醒人们明智的君主和贤明的政治对于国家的长久安定至关重要。

第八章 父子双雄——王贲灭魏的壮举

当燕国名存实亡之际，秦王政的战略目光便转向了魏国的领土。回顾历史，晋国分裂后，魏国如同凤凰涅槃，在动荡的时代中崭露头角，自立为诸侯国。魏国地理位置特殊，处于四面受敌的境地，周围没有天然的屏障可以依靠。然而，命运似乎特别眷顾魏国，赋予了它一位明智的君主——魏文侯。

在魏文侯的睿智治理下，魏国就像一块刚刚稳固的磐石，基础逐渐牢固。魏文侯深知治国的精髓，特别邀请法家大师李悝在魏国内部掀起了一股改革的风暴。李悝制定的法律严谨而高效，如春风化雨般，迅速渗透到魏国的每一个角落，使国家焕然一新，魏国在短时间内一跃成为列国中的超级强国。

那时的魏国，军事力量强大，一度以压倒性的力量使秦国臣服，不敢越界，东进的路线因此受到阻碍。其他诸侯国看到魏国的崛起，无不感到敬畏，即使是强大的齐国和楚国，也不敢轻易挑战魏国的锋芒，遇事多采取礼貌的态度，主动退让。这充分展现了魏国在战国时期舞台上的显赫地位和巨大的影响力。

当时，魏国的文臣出使各国，总是受到各国君主的热烈欢

第八章 父子双雄——王贲灭魏的壮举

迎和亲自陪同，体现出魏国在国际舞台上的崇高地位。而魏国的武将们，如同猛虎下山，驰骋战场，令敌人闻风丧胆，为魏国赢得军事上的辉煌声誉。国家实力的不断增强，国库充足，人才辈出，使得魏国在诸侯国中如同被光环环绕，光彩夺目。

然而，魏国的辉煌并非永恒不变。魏文侯之后，尽管魏国也出现了一些明智的君主，他们也能坚持任人唯贤的原则，但遗憾的是，没有人能够像魏文侯那样重视和赏识人才。所谓"成也人才，败也人才"的历史规律，在魏国身上得到了淋漓尽致的体现。

以商鞅为例，这位法家的杰出人物曾在魏国寻求施展才华的舞台，却未能得到应有的重用。最终，他转战秦国，以卓越的政治智慧和改革才能，助力秦国崛起至强国之列。再比如范雎，这位才华横溢的谋士，在魏国却遭遇了诬陷与羞辱，险些丧命。幸而天不绝人，他逃到秦国，为秦国的强盛贡献了不可磨灭的力量，使得秦国的势力如日中天，已初具横扫六国、一统天下的势头。

商鞅和范雎这两位历史人物对历史进程的影响不可低估。不管他们的个人动机如何，他们提出的战略构想对秦国的崛起起到了关键作用，使秦国实现质的飞跃，成为一个超级大国。与此同时，魏国因为失去这两位杰出的人才，国力逐渐衰退。

当然，魏国衰落的原因不仅仅是人才流失，更深层次的原因在于对人才的打压和忽视。魏国不断伤害那些本可以助其强大的有识之士，导致人才大量流失，这无疑是魏国从昔日的强国地位沦落为弱国的根本原因。

尽管魏国的实力已经不如从前，但其地理位置仍旧十分重要。当秦王政和他的大臣们密谋攻打魏国时，有明智之人警告说：魏国的军事力量依然不可小觑，如果轻率出兵，可能会引起齐国和楚国的同情和支持，那时秦军将面临极为艰难的境地。

就当时之战略格局而言，上述担忧确有其合理之处。魏国就像是位于秦国和齐国之间一道坚固的屏障，它的存亡直接影响到两国之间的战略缓冲和平衡。如果魏国被灭，秦国将直接与齐国面对面。此外，如果秦国成功占领魏国，就可以利用它作为战略跳板，对楚国发起更猛烈的攻击。

考虑到这一点，即使齐国和楚国的君主再怎么昏庸，也不会傻到眼睁睁看着战火烧到自己的家门口。因此，如果秦国对魏国发动攻击，齐国和楚国为了自己的利益，势必会出兵援救。

然而，秦王政却持有不同的看法。他并没有把攻打魏国视作难事，反而认为这是一件容易的事情。早在秦王政十三年（前234），秦国就已经大举进攻魏国，直指渤海湾，魏军一触即溃，无力再战。这场战役之后，秦国成功将六国的联盟一分为二，形成了南北对峙的局面。

尽管秦王政对攻打魏国有着坚定的决心，他的策略却显得相当巧妙和曲折，充满战略智慧和深思熟虑。

秦王政深谙战略之道，首先派遣王贲率领一支精锐之师，

第八章 父子双雄——王贲灭魏的壮举

共计5万兵马，南下直捣楚国北部腹地。面对这一部署，王贲心中不免生出疑惑，于是向秦王政询问："大王，仅凭这区区5万之众，如何能够征服楚国广阔的土地呢？"

秦王政听了，嘴角露出一抹意味深长的微笑，解释说："这次征战的目的并不是要灭亡楚国，而是通过一场胜利，给楚国一个强烈的警告。因此，你必须全力以赴，争取胜利。只有这样，在我们接下来攻打魏国时，楚国才会因为害怕而不敢轻易出兵干预。"这番话充分显示出秦王政作为一位杰出政治家的远见和智慧，他擅于运用间接思维，用巧妙的策略提前解决潜在的问题。

然而，王贲听了之后仍然有些担忧，他担心地说道："大王，一场战役所带来的震慑效果，可能不会持续太久。"

秦王政对王贲的担忧表示认同，并进一步阐述了自己的想法："你的担忧是有道理的。因此，我们必须在楚国还没反应过来之前，以迅雷不及掩耳的速度，迅速攻下魏国。"

此时，站在一旁的李斯，以其独特的政治敏锐性，适时地提出了自己的见解："大王，您的战略构思固然精妙，但战场之上，变数丛生。倘若我军将士未能达到预期的作战效能，无法在规定时间内攻克魏国，那么战局的发展便可能脱离我们的掌控。到那个时候，我们又该如何收场呢？"说完，李斯不禁感到一股寒意袭来，周围的将士们纷纷向他投来锐利如刀的目光，仿佛能穿透人心。

秦王政听了李斯的话，稍微沉思了一下，然后用一种宽容而深邃的眼神看着所有的将领，问道："李斯的话也有一定的道理。各位将军，对于这个问题，你们有什么意见？"

将领们听到这话，士气大振，纷纷站出来，激昂地表示："我们愿意立下军令状，保证在半年之内攻下魏国！"此言一出，犹如金石之音，掷地有声，彰显出他们坚定的决心和必胜的信心。

于是，王贲带着他那支精锐之师，犹如离弦之箭，迅速向楚国北部进发。而另一支蓄势待发的部队，也已整装齐备，目标直指魏国，一场激战即将开始。

在秦军如潮水般的猛烈攻势之下，楚国连连失守多座城池，楚王负刍因此被吓得胆战心惊，不敢轻率采取任何行动。他天真地以为，只要楚国不介入秦国攻打魏国的战争，便能确保自身的安全，高枕无忧。楚国的这一决策，实际上为秦军攻打魏国提供了侧翼的安全保障。因此，秦军可以毫无顾忌地向北进军，并公开宣布将以河北的邯郸为突破口，对魏国进行全面攻击。得知这一消息后，魏王假急忙将魏国的全部主力军队部署在河北地区，希望能够抵御秦军的猛烈攻势。

然而，魏王假未曾料到，自己此时已经落入秦国的调虎离山之计中。

秦王政二十二年（前225），秦王政利用魏国四十余万主力军集中在北方的有利时机，派遣王贲率领精锐部队突然南下，

第八章 父子双雄——王贲灭魏的壮举

对魏国发动奇袭。他们巧妙地绕过了楚国的三十八座城池，如同神兵天降一般，迅速包围了魏国的首都大梁（今河南开封），使魏国陷入了前所未有的危机之中。随着秦军连续取得胜利，大梁城逐渐陷入了孤立无援的境地，变成了一座被敌军重重包围的孤城。魏国的援军虽然有意救援，却被秦军阻挡在黄河以北，无法南下提供援助。

大梁城，这座历史悠久的抗敌堡垒，再次面临严峻的考验。它始建于魏惠王时期，正值魏国鼎盛之时，称霸一方。然而，当时的大梁城还没有达到坚不可摧的程度。历经一百多年的沧桑岁月，到了魏王假时期，大梁城才真正蜕变为一座固若金汤的坚城。

历史上，秦国和齐国曾多次对魏国发起军事行动，每当他们的军队抵达大梁城下时，都会被这座坚固的城市阻挡在外，无法前进。无论秦军、齐军采取何种战术，都无法动摇大梁城。这一事实不仅显示出大梁城的坚固和雄伟，更证明其城墙上的防御工事的完善和精巧。

大梁城之所以能够屹立不倒，除了其坚固的城墙和完善的防御工事外，还得益于城中的粮仓储备丰富，粮食充足。家家户户都囤积了大量粮食，使得大梁城在被围困的情况下，依然能够保持稳定的物资供应，无惧敌军的长期围困。

此外，大梁城还拥有一个得天独厚的地理优势，那就是其周围密布着纵横交错的水网。这一自然条件不仅为大梁城提供了充足的水源，还增加了敌军攻城的难度，使得大梁城更加易守难攻。

大梁城，就像一座屹立不倒的纪念碑，矗立在历史的长河中，见证了无数英雄儿女的英勇和激情。

在当前的战略形势下，要彻底消灭魏国，首要之务便是攻占大梁城。这不仅仅是因为大梁城是魏国的首都，更因为它象征着魏国的精神和意志。一个国家的首都，往往承载着这个国家的文化和历史，是民族精神的象征。如果大梁城被攻破，魏国的精神和意志将受到严重打击，整个国家可能会因此分崩离析。到那时，秦军便可不费吹灰之力，轻松占领魏国的其他领土。

然而，面对这座坚如磐石的大梁城，一向勇猛善战的秦军也感到束手无策。秦王政为此召集众将士，共同商讨攻克大梁城的计策。会议中，大家纷纷献计献策，但经过长时间的讨论，依然没有找到有效的解决办法。眼前的困境，或多或少会对秦军的士气造成一定影响。

当面临难以逾越的障碍时，秦王政展现出了一位卓越领导者的智慧与决断。他没有固执地纠结于眼前的难题，非要立即得出解决方案，而是选择绕开这一暂时的困境，从另一个角度去审视问题。既然大梁城一时难以攻克，他便决定让军队近距离地接触这座坚城，从中寻找它的弱点。于是，秦王政下令王贲率军对大梁城发起强攻，并嘱咐他在进攻的过程中，仔细观察并寻找大梁城的弱点。

王贲遂带领军队到达大梁城下,那高耸的城墙确实令人敬畏。这座宏伟的城市,确实名不虚传。王贲明白,要攻下这座坚固的城市,必须全力以赴。而实际情况也表明,这座坚固的城市,正是对王贲和他的军队的一种考验。尽管秦军多次发起攻击,但每次都遭到了失败,一时间,军队的士气一度跌入谷底。

当魏王假得知城外的秦军遭受重大伤亡后,他竟然跑到城墙上炫耀武力,试图以此来羞辱秦军。这时,秦军已经攻城一个多月,粮食即将耗尽,王贲的心情本就十分烦躁。当他看到魏王假那副小人得志的模样时,更是怒不可遏。他当即下令弓箭手放箭,吓得魏王假连滚带爬地下了城墙,从此不敢再轻易挑衅秦军。

尽管心中充满愤怒与不甘,但王贲必须正视一个无法回避的事实:大梁城依然固若金汤,难以攻克。于是,他决定亲自向秦王政汇报战况,尽管秦王政对前线的动态早已了如指掌。

在秦王政的询问下,王贲有些茫然地摇了摇头,表示自己在攻城过程中并没有发现任何特别的线索。这时,秦王政递给王贲一个竹简,并告诉他:"这是苏代写的一篇文章,文章中提到了各国最害怕的攻击方式。对于魏国来说,水攻无疑是最致命的。信陵君也曾多次警告魏王,要时刻提防其他国家对大梁城发动水攻。"

水，作为生命的源泉，对于天地万物而言都至关重要。对于一座城池来说，水源同样是其生存和发展的基础。因此，在许多战争中，切断城市的水源往往是攻城者的重要策略之一。然而，大梁城却因为其拥有丰富的水源而难以被这种策略所攻破。

水攻，这个似乎被施了魔法的词语，一直在王贲的脑海中回响。他突然明白了一个深刻的道理：优势和劣势往往是共存的，关键在于如何巧妙地运用策略，将优势转化为劣势。

毫无疑问，大梁城的水源丰富是它的一大优势，但只要方法得当，这一优势就有可能成为攻破它的劣势。于是，王贲产生了一个大胆的想法：利用大梁城的水源进行反向灌水，这或许能够成为攻破这座坚固城市的关键。

王贲返回军营后，迅速制定新的战略计划。他命令秦军夺取大梁城周边的地区，从而掌握大梁城水网的控制权。在这一战略布局下，大梁城就像一条被蜘蛛网困住的虫，无法逃脱。

随后，王贲开始着手改造水网布局，他机智地利用黄河与大沟的水资源，实施了一场罕见的水攻战术。由于大梁城地势低洼，滔滔洪水如猛兽般汹涌而入，瞬间将大梁城淹没在一片汪洋之中。

这场持续数月的洪水，给大梁城带来了前所未有的灾难。可想而知，此时的魏国处于危机四伏的境地，可魏王假却没有意识到灾难的临近。他一直认为大梁城受到水道的保护，城墙坚固，因此他天真地认为这次洪水不会对大梁城构成太大的威胁。

然而，事实却残酷地揭露了魏王假的天真与无知。虽然汹涌的洪水并未直接冲垮城墙，但城内的百姓遭受了巨大的灾难。洪水将粮食全部浸湿，导致城内粮食紧缺，百姓生活困苦。更为严重的是，城墙中的泥石也在洪水的长时间浸泡下逐渐消散，使得城墙的稳固性受到严重威胁。这一系列的灾难无疑给大梁城的未来笼罩了一层厚厚的阴影。

当洪水泛滥到第三个月时，魏王假在极度的饥饿和绝望中挣扎，虽然心中有一丝不愿意，但他对大梁城的未来还抱有一线希望。就在这时，秦王政的招降信像一根救命稻草一样出现在他面前。秦王政在信中提出，如果魏王假投降，秦王政将饶他不死。面对生死存亡的选择，魏王假在仔细考虑后，最终决定投降，以保住自己的性命。

随着魏王假的投降，魏国的历史也画上了句号。王翦带领军队继续向东进军，在"平阴之战"中击败了试图反攻的魏国残余部队，消灭了四十万前来支援的魏军，从而完全占领魏国的领土。为了巩固胜利成果，秦王政在魏国的东部地区建立了砀郡。

回顾魏国的历史，从公元前403年"三家分晋"建立魏国到公元前225年灭亡，这个曾经辉煌一时的国家存在了100多年。然而，其灭亡的根源并非如一些人所认为的，是因为未重用信陵君而导致国力削弱，最终走向灭亡。

就像《史记·魏世家》里司马迁所记述的一段话，"吾适故大梁之墟，墟中人曰：'秦之破梁，引河沟而灌大梁，三月城坏，王请降，遂灭魏。'说者皆曰魏以不用信陵君故，国削弱至于亡，余以为不然。天方令秦平海内，其业未成，魏虽得阿衡之佐，曷益乎？"

许多历史学家通常认为，大梁城的陷落和魏王假的投降是因为魏王没有听从信陵君的劝告，最终导致魏国灭亡。但是，司马迁持有不同的观点。他认为，秦国平定海内、实现一统，乃是天命所归，只是这一伟大功业尚未最终完成。即使魏国得到了像伊尹这样聪明能干的大臣的帮助，也难以逆天改命，阻挡秦国前进的步伐。在司马迁看来，任何国家、任何力量，在秦国一统天下的宏伟蓝图面前，都显得微不足道，无法阻止历史的发展。

随着魏国的灭亡，秦国的领土已经占据了中国土地的三分之一。到了秦王政二十二年（前225），此时的天下格局已经发生了翻天覆地的变化，只剩下三个国家依然屹立不倒：西部和中部的秦国、东部的齐国和南部的楚国。这三个国家各自占据一方，形成了一种三足鼎立的局面。而秦国的强劲势头，无疑使这个时期的历史变得更加波谲云诡。

第九章 谋略较量——王翦与李信楚战策略之争

到了秦王政二十二年（前225），秦王政以迅猛的攻势，在短短6年时间内连续吞并了韩、赵、燕、魏四个国家，显示出他统一六国的雄心壮志。

在取得这些辉煌成就后，秦王政没有停下脚步，他在攻下魏国的同时，已经开始秘密策划，将下一个目标对准了楚国，打算一举将其纳入秦国的疆域。但是，楚国并非容易征服的对手，它的历史和实力都非常强大。

回溯至商朝末年，楚国就像一颗在南方悄然生长的种子，那时的楚国还不能称之为一个国家，更像是一个部落联盟。在周武王那场波澜壮阔的灭商战役中，楚人也参与了进来，见证了历史的更迭。

周王室在推翻商朝后，对天下进行重新分封，楚国被赐予子爵的封号，排在"公、侯、伯、子、男"五级封国的较末位。然而，楚国并没有因为封位较低而自卑，反而利用这个机会，专心治理国家，努力发展。当其他诸侯国还在向周王室献媚时，楚国已经悄然崛起，逐渐控制了中国南方的广大地区。

直到楚武王三十七年（前704），楚武王熊通毅然决然地宣

第九章 谋略较量——王翦与李信楚战策略之争

布称王，正式建立楚国这个王国，开启了楚国历史上的新篇章，也为后世留下无尽的想象和传奇故事。

楚国公开宣称自立为王，这无疑是对周王室权威的一次重大挑战。这一行动出乎周王室的预料，从此，华夏大地上出现了两位国王，北方有周天子，南方则有楚武王，形成了南北对峙的局面，开启了一个前所未有的"二王并立"的时代。为了争夺至高无上的"国王"称号，周和楚两国频繁发生战争。然而，周王室的军事力量衰弱，无法与楚国的强大军队相抗衡，最终不得不默认楚国的王国地位。

这一转变深刻地影响了春秋时期的政治格局。

进入春秋时期，楚国依靠其强大的军事力量，不仅在南方巩固了其霸主地位，还试图向中原地区扩张，意图统治整个天下。楚国的雄心壮志让周王室和诸侯国感到震惊。如果不是晋国挺身而出，以坚定的姿态阻止了楚国北伐的步伐，中原的霸权可能早已落入楚国手中。但是，晋国对楚国的遏制也只是勉强维持，无法对楚国造成根本性的打击，楚国的强大姿态仍然让其他国家感到忌惮。

事实证明，历史总是充满变数，即使是强大的楚国也难逃兴衰的循环。令人惊讶的是，楚国衰落的导火索竟然源自其内部的一位高官——伍子胥。伍子胥原本是楚国的支柱，但由于他的父亲遭受冤屈，导致他被迫逃亡，最终投奔了吴国。在吴国的帮助下，伍子胥实现了他的复仇大计，亲手促成了楚国的灭亡。

这一事件后来被称为"伍子胥复仇",它不仅是一个个人悲剧的结束,也是楚国由盛转衰的转折点,为后世提供了深刻的教训和反思。

伍子胥的事件对楚国造成了深远的影响,它像一记重击动摇了楚国的根基。尽管楚国后来努力复兴,但其国力已经大幅削弱,不再拥有过去的辉煌,逐渐在秦国的崛起中失去了光彩。秦国在超越楚国之后,并没有停止对其施加压力,楚国在这种压力下只能勉强自保,失去了反击的能力,最终不得不选择迁都,以求得一时的安宁。

秦国之所以能够持续对楚国施压,除了其深谙权谋之术外,更在于其拥有一支强大的军事力量作为后盾。

商鞅变法如同一阵春风,吹遍了秦国各地,极大地激发了秦军的战斗精神。秦人对于公战的热忱,几乎达到了狂热的地步,正如历史文献中所载:"勇于公战。"可以看出,他们对待战争的态度,就如同饿狼见到肉一般急切。在秦地,战争不仅不是恐惧的代名词,反而成为了人们日常谈论的焦点,甚至可以成为歌谣的主题。这无疑是对秦军高昂战斗力的最佳诠释。

相比之下,楚国的军队仍然沉浸在春秋时期贵族军队的散漫氛围中,难以摆脱。在秦昭王时期,名将白起曾经尖锐地指出:"楚人自战其他,咸顾其家,各有散心,莫有斗志。"(《战国策·中山》)与此形成鲜明对比的是组织严密、训练有素的秦

第九章 谋略较量——王翦与李信楚战策略之争

军,其战斗力自然远远超过了组织松散、缺乏凝聚力的楚军,这也为秦国最终吞并楚国埋下了伏笔。

楚怀王的去世为秦国的扩张提供了一个难得的机会,秦国抓住这个时机攻占了巴蜀地区。这一战略行动就像在楚国的背后刺入了一把锋利的剑,使楚国立刻处于不利的战略地位。

秦昭王二十七年(前280),秦国对楚国发起了蓄谋已久的攻势。在这场战役中,秦国娴熟地运用了《孙子兵法》中的战略思想:"行千里而不劳者,行于无人之地也。攻而必取者,攻其所不守也。"意指要行军千里而不耗尽体力,关键在于选择敌人没有设防的路线;而进攻之所以能取胜,则在于攻打敌人防守薄弱之处。秦国军队正是遵循这一原则,选择了虽然难走但楚军防守不严的山区作为行军路线,同时利用长江水道,将援兵和补给源源不断地输送到前线,从而在战场上占据了绝对优势,最终大败楚军。

这场战役之后,楚国元气大伤,被迫于楚顷襄王二十一年(前278)将都城向东迁移到陈城(今河南周口),希望能够在这里养精蓄锐,东山再起。其实,楚国这次迁都也意味着秦国成功占领了其西部的大片领土,包括曾经的政治中心郢都(今湖北荆州)在内,楚国的领土和势力范围因此大幅缩减,其历史命运在这一刻也悄然发生了改变。

楚国那座承载着数百年荣耀与变迁的古都,在秦军的铁蹄践踏下变成一片废墟,高耸的城墙上布满裂缝,见证了过去的繁荣和现在的荒芜。郢都，这个曾经的楚国政治和文化中心，在被秦军攻陷后，变成满目荒烟蔓草和断壁残垣的景象，显得凄凉而令人唏嘘。

随着时间的流逝，到了楚考烈王二十二年（前241），为了避免秦国的攻击，楚国再次迁都，这次选择了寿春（今安徽寿县）。楚国的这两次迁都，不仅显示出其在战略上的被动和无奈，也暗示其命运的终结正在悄然逼近。

此时，秦王政正在精心策划，打算一举消灭楚国。但这并非易事，需要深思熟虑和周密的计划。因此，秦王政召集了他的文武官员，共同讨论消灭楚国的策略。官员们普遍认为，尽管秦国消灭楚国会比消灭其他国家更加困难，但总体上还是可行的。

《史记·白起王翦列传》中曾有过这样一段记载，"始皇问李信：'吾欲攻取荆，于将军度用几何人而足？'李信曰：'不过用二十万人。'始皇问王翦，王翦曰：'非六十万人不可。'始皇曰：'王将军老矣，何怯也！李将军果势壮勇，其言是也。'"

当秦王政提出关于兵力部署的最后一个问题时，朝堂上出现了分歧。

经验丰富的老将军王翦，凭借他丰富的战争经验和深刻的战略洞察力，坚决认为没有60万人是不行的。而年轻的将领李信则显得充满自信和活力。自从他领军灭燕并取得显著战功后，他的名声迅速上升，他总是充满干劲，干劲中又透露出骄傲。

第九章 谋略较量——王翦与李信楚战策略之争

他认为,楚国现在只是表面上强大,实际上内部已经空虚,只需要 20 万人就能轻易征服。

王翦持重地提出了不同的见解,他深知楚国底蕴深厚,即便目前处于衰弱状态,其残余实力仍不容小觑。二十万的兵力,在他看来,是低估了敌人,只有动用六十万大军,才能确保战事的万无一失。

当秦王政听到这个庞大的数字时,脸上不禁掠过一抹震惊,要知道,这几乎是秦国的全部兵力了。他的声音中夹杂着些许情绪,质疑道:"王将军莫非因年岁已高,而心生怯意了?"

王翦闻言,恭敬地回禀道:"大王英明,楚国虽然不如从前,但其实力远非我们所能轻视。楚国地域广阔,兵力众多,与韩国、赵国、燕国、魏国四国相比,更是有过之而无不及。如果我们不全力以赴,恐怕很难对楚国造成实质性的打击。"

而李信则显得非常自信,他认为二十万军队已经足够,再多就是浪费资源,对战争没有帮助。

秦王政听后,眼中流露出对这位年轻将领的赞赏,说道:"年轻人心气高昂,充满冲劲,这正是我们秦国所需要的精神风貌。"

正当朝堂上的讨论越来越激烈时,一个坚定的声音突然响起,打破嘈杂,吸引了所有人的注意,大声反对消灭楚国的计划。

秦王政顺着声音看去,发现说话的是昌平君。昌平君有着楚国王室的血统，因为秦楚联姻，他在秦国也担任了重要职位。在嫪毐叛乱时，昌平君坐镇前线指挥，击败叛军，给秦王政留下了深刻的印象，因此被封为丞相之一。现在，他提出的反对观点，确实让这场围绕是否要消灭楚国的讨论变得更加复杂和充满变数。

秦王政目光如炬，直视昌平君，质问他为何反对消灭楚国的计划。

昌平君深知楚国是他的母国，一旦表露心迹，必定会引起怀疑。因此，他机智地避开了这个敏感问题，转而提出了许多理由：秦国刚刚灭了魏国，军队疲惫，需要休息；楚国虽然衰弱，但仍有实力，不可轻视；韩国、赵国、燕国、魏国的残余势力还未清除，应该先消灭他们，以绝后患。这些话听起来既合理又充满对灭楚计划的微妙反对。

然而，秦王政并没有给昌平君太多谏言的机会，他打断了昌平君的话，坚定地说："今天我们讨论的是使用二十万还是六十万军队的问题，至于是否消灭楚国，不是我们现在要考虑的，你不用再说了。"

昌平君看到秦王政有意回避，心中不满，仍然坚持劝谏："大王，听取多方意见可以使人明智，只听信一方则会使视野狭窄。希望大王能广泛听取建议，不要使国家陷入危险。"他的讽刺意味已经非常明显。

秦王政何等精明，一听就明白昌平君话中有话，这是在暗指他昏庸，不能听取多方意见。他怒火中烧，立即下令将昌平君调往郢陈，命令他安抚楚国的百姓，以此作为惩罚。

昌平君带着满腔的愤怒和不情愿前往郢陈，却没有预料到，这次调动，竟然为他日后的反叛埋下了伏笔。

历史的进程，往往就在这样一念之间，悄然发生了变化。

在秦国对韩国实施兼并的时候，秦王政经过深思熟虑，将韩王安迁离其故土，目的是割裂他与韩国残余势力之间的潜在联系，从而规避任何可能的不测。此举与秦国对待燕国的态度截然不同。

当秦国发动全面进攻时，韩国并未选择殊死抵抗，而是选择顺从地投降，表现出相对的配合。鉴于此，秦王政对韩王安的处理方式显得较为宽容，没有将其流放至偏远的边疆，而是选择了距离较近的郢陈作为他新的栖息地。

然而，秦王政这一仁慈的举动，并没有赢得韩国民众的感激与理解。韩国覆亡后，韩国民众内心深处对秦国充满了抵触和仇恨，国仇家恨如同烙印般深深刻在他们的心中。于是，反抗秦国、复兴祖国成为了韩国民众坚定不移的奋斗目标，他们在暗地里默默积蓄力量，等待时机。

秦王政将韩王安迁移到郢陈的决定，却意外地成为了激发韩国民众反秦情绪的催化剂。就在秦王政二十一年（前226），新郑地区爆发了大规模的反秦起义。这一突如其来的变故，完全颠覆了秦王政的初衷，也彻底激怒了他。

新郑起义的目的非常明显，其最终目标是恢复韩国。为了实现这个宏伟的目标，首要任务是立一位韩王作为精神和政治的领袖。由于当时的韩王安被软禁在郢陈，所以解救韩王安成为了复国行动的重中之重。然而，遗憾的是，历史文献并没有详细记录这次解救行动，使得这一段历史显得非常神秘。

起义发生后不久，秦王政派遣大军镇压了韩国的起义，而韩王安也因此事受到牵连，最终遭到了秦王政的处决。这一事件表明，新郑起义的影响已经远远超出其地域范围，甚至影响到了郢陈这个敏感地区。

恰在此时，秦王政下了一个意味深长的命令：将昌平君调往郢陈。郢陈曾经是楚国的首都，自沦陷后便成为了反秦势力的聚集地。这里的楚国遗民蠢蠢欲动，不断策划叛乱，虽然这些叛乱对秦国的整体实力构不成威胁，但也确实给秦国政府带来了不小的麻烦。昌平君的到来，无疑给这片充满不确定性的土地带来了更多的变数和可能性。

随着时间的推移，郢陈逐渐成为一个反秦人士的聚集地，这些人士大多来自被秦国所灭的国家，他们对秦国怀有深仇大恨，因此聚集在这里。

例如，韩国的遗民张良，在秦王政统一六国之后，仍然心有不甘，立志要对秦王政进行报复，他经常出入郢陈，秘密策划反秦的计划。还有魏国的遗民张耳和陈余，他们在后来的反秦起义中也崭露头角，自封为王，而他们的基地正是郢陈。值

第九章 谋略较量——王翦与李信楚战策略之争

得一提的是,在秦末的动乱中,陈胜和吴广起义后建立的张楚政权,也选择郢陈作为首都。这些历史事件虽然发生在秦王政统一六国之后,但都显示了郢陈作为反秦基地的重要性以及那里反秦思想的根深蒂固。

秦王政将昌平君派往郢陈,这个决定可能有着深远的考虑,但无意中也为昌平君提供了反秦的机会。根据《史记·秦始皇本纪》的记载:"荆将项燕立昌平君为荆王,反秦于淮南。"这说明昌平君到达郢陈后,被楚将项燕推举为楚王,并在淮河以南地区发起了反秦的行动。从那时起,昌平君就与秦国彻底断绝了关系,再也没有回去。

秦王政可能不会想到,自己的一个命令,竟然会在如此大的程度上阻碍秦国攻打楚国的进程。历史的进程往往因为一个微小的决定而发生改变,昌平君与郢陈的关系,正是这种微小决定导致重大变化的一个具体例证。

第十章 自食其果——李信的轻敌与秦王的应对

王翦 助秦一统天下的执行者

"使李信及蒙恬将二十万南伐荆。王翦言不用,因谢病,归老于频阳。"(《史记·白起王翦列传》)在讨论征服楚国的战略会议结束时,经过深思熟虑,秦王政最终决定派遣李信和蒙恬两位将领,带领二十万精兵,向南进军,直接攻击楚国腹地。在这个决定中,值得注意的是,著名的将领王翦以年老和健康状况为由,婉拒了参与这次军事行动的命令,选择回到频阳隐居,享受晚年的宁静。

李信虽然年轻,但已经取得了许多战功,他的自信来自于无数次在战场上的考验和极少的失败。在即将开始这次军事行动的时候,他向将与他并肩作战的蒙恬说道:"蒙将军,这次我们共同出征楚国,等到我们胜利归来的那一天,必将是您家族荣耀、光宗耀祖的时刻。"

蒙恬出身于名将家族,其家族的起源可以追溯到春秋战国时期的齐国。他的祖父蒙骜,是秦国历史上的一个关键人物,他从齐国出发,西行至秦国,成为秦昭王手下的一名杰出将领。

在秦庄襄王即位的第一年,蒙骜凭借其非凡的军事才能,在首场伐韩战役中取得了辉煌的胜利,使韩国献成皋、巩,并

第十章 自食其果——李信的轻敌与秦王的应对

建立了秦国的三川郡，为秦国向东方的扩张打下了坚实的基础。紧接着的一年，他再次率领军队向东进军，攻击赵国，并在一次战役中夺取了37座城池，其军事成就令人瞩目。

在秦王政三年（前244），蒙骜再次以胜利者的姿态出现，他在对韩国的军事行动中，成功夺取了13座城池。又过了2年，秦王政五年（前242），蒙骜的军事生涯攀上了新的巅峰，他不仅再次从韩国夺回了20座城池，还负责建立东郡，进一步强化了秦国在东方的军事屏障。

然而，即便是最英勇的战士也有告别战场的一天，到了秦王政七年（前240），这位沙场老将走完了他辉煌的一生。

蒙骜的军事衣钵传给了他的儿子蒙武，蒙武之子，便是蒙恬。蒙恬还有一个弟弟，名叫蒙毅。

李信之所以向秦王政提出仅需二十万兵力的想法，并不是一时的冲动，而是基于他深刻的战略洞察力。他分析认为，楚国地形以平原为主，这为秦军进行大规模的野外机动作战提供了非常有利的条件，尤其是当这种地形优势与秦军强大的战斗力相结合时，对比之下，楚军的劣势就更加明显。

因此，李信有理由相信，在这场力量悬殊的对抗中，胜利的天平一定会倾向于秦军。这一战略构想，从侧面体现了李信对军事地理的深刻理解，也展现了他对秦军实力的充分信任与精明的运用。

秦王政二十二年（前225），战略计划已经确定，李信精心策划，将他的大军分成两路，实施了一场精妙绝伦的双线并进战术。

李信亲自带领一支队伍，沿着汝水河畔，浩浩荡荡地向郢陈南翼的平舆发起了正面攻击；与此同时，蒙恬将军指挥另一支强大的部队，沿着汝水南岸进行迂回行动，目的是绕过楚军的左翼，直接攻击郢陈东南的寝县，旨在形成包围楚军的战术。

最终，秦楚两军在城父（今安徽亳州）展开了对峙，秦军以雷霆万钧之势，将楚军主力团团围住，一场关键的战役即将拉开序幕。

在这场智慧与勇气的较量中，李信首先以猛烈的攻势进攻楚军的防线，楚军难以抵挡，防线出现裂缝；接着，他乘胜追击，攻下了鄢陵县，楚军节节败退，士气大受打击；最后，他指挥军队南下，势不可当，迅速占领了湖北江陵。楚国领土的不断失守，使楚国朝廷内外都感到震惊。

面对这一连串的失败，楚王负刍感到形势非常严峻，于是紧急命令将领项燕率领楚军的精英从寿春出发，希望能够扭转局势。项燕，这位在楚国享有盛誉的将领，因为卓越的军事指挥能力而受到重用，更在楚军士气低落的时候，能够激发士兵的斗志，重新点燃希望之火，因而成为楚国最后的防线。

这次出征，项燕所承担的，不仅是战斗的胜败，更关乎着楚国的命运。

当李信得知项燕亲自领军出战后，计划将他引诱到城父并

第十章 自食其果——李信的轻敌与秦王的应对

实施预先策划的战术，这时，一个突如其来的变故彻底打乱了他的计划：昌平君意外地出现在了郢陈。昌平君是拥有楚秦两国血统的复杂人物，而他内心的选择，成为了战局中一个不可忽视的变量。

抵达郢陈后，昌平君被四周反对秦国的声音所包围，众人纷纷劝说他举兵起义。起初，昌平君内心颇为矛盾，他虽流淌着楚国的血脉，但也在秦国长大，对这片土地有着复杂的感情。对他来说，反抗秦国无疑是心理上的一道难以跨越的障碍。但是，随着反对秦国的声音越来越强烈，反秦的情绪如同燎原之火，昌平君那本就不太坚定的立场开始逐渐动摇。

昌平君心中始终存有一个难以释怀的情结：想当年，他在平定嫪毐之乱中功勋卓著，是首屈一指的功臣，现在却被贬到郢陈，他心中的不公与内心的不甘，如同蚁噬心间。在这样的心理变化下，昌平君最终下定决心，要为自己的未来和命运放手一搏。他果断地控制了郢陈，并利用这一战略要地，切断李信的补给线，从而为战局带来了巨大的变数。

在古代战争的广阔画卷中，确保补给线的稳定往往是战争胜利的决定性因素。

通过深入研究历史战例，我们可以清楚地看到，即使军队中有无数勇敢的将领和英勇的士兵，在战争的早期阶段，他们仍然会全力以赴地抢占先机，夺取并控制关键城市，其根本目的是保障补给线的畅通。毕竟，如果选择绕过这些战略要地，虽然看起来节省了时间和努力，但实际上等同于将补给线暴露给敌人，这无疑是向敌人发出了明显的反击信号。一旦敌人采取坚壁清野的策略，那么己方就会陷入进退两难的境地。

在这次对楚国的征战中，李信遵循的是"兵贵神速"的战术原则。为了加快行军速度，他没有携带过多的军需物资，而是希望快速决战，通过战斗来维持军队的供给。然而，当项燕的大军迟迟没有出现，李信开始感到一丝不安。在这个关键时刻，他犯了一个致命的错误：他放弃了继续向东推进，而是决定转向郢陈。

这一决策无疑让李信错过了攻占楚国的最佳时机。更糟糕的是，在他率领军队向郢陈进发的过程中，一支楚国军队像幽灵一样悄无声息地出现在了他的后方。而李信直到几天后才意识到这一可怕的事实。

在战局紧张之际，李信机智地派出使者，冒着战火的风险，向驻守在城父的蒙恬请求支援。他计划与蒙恬的军队联手，在郢陈地区与项燕进行一场决定性的战斗，以实现一举定胜负的宏伟目标。

但是，命运似乎并不站在这位年轻将领这边。由于李信的急促决策，秦军在蒙恬的援军到达之前，就遭遇了昌平君的直接对抗和项燕的偷袭，使得李信的军队陷入了被前后夹击的困境。

面对这突如其来的双重攻击，李信所率的秦军显得手足无

第十章　自食其果——李信的轻敌与秦王的应对

措，难以有效抵抗。最终，在生死攸关的时刻，李信只带着少数亲信，奋力突围，勉强逃出了这场灾难性的围攻，但他们回来时已是伤痕累累。而蒙恬，在得知李信战败的消息后，别无选择，只能放弃城父，带领军队撤回秦国。

这场攻楚之战，对于秦国而言，无疑是一次罕见的惨败。它深刻地揭示了这样一个事实：即便强大如秦国，在面对楚国这样的对手时，也绝不能掉以轻心。这场战役，可以说是秦王政在消灭六国的征途中，遭遇到的最为顽强的抵抗，也充分证明当时的楚国虽已日薄西山，但其残存的实力，依然令其他诸国望尘莫及。

正如历史文献所记载的那样：即使领土逐渐减少，此时的楚国在实力上仍然是仅次于秦国的第二大国。其疆域广阔，纵横约3000里，百足之虫，死而不僵，楚国依然拥有相当的实力。

《史记·白起王翦列传》中对此略有记载："荆人因随之，三日三夜不顿舍，大破李信军，入两壁，杀七都尉，秦军走。始皇闻之，大怒。"当秦王政阅读了从前线传来的战报，得知秦军遭受了重大失败，一股怒火不禁油然而生。

对于李信来说，他或许应该感到庆幸，因为秦王政并没有因为这次失败而对他采取极端措施，但从此以后，李信再也没有机会独自指挥军队，驰骋战场。

秦王政冷静地深入剖析了这次失败的根本原因。他洞察力极强，意识到李信的作战计划本身就存在着严重的问题。即使没有昌平君的叛变，李信也不太可能取得胜利。

一开始，李信就存在过于自信的问题。他制定的野战计划没有充分考虑到敌人可能的不合作。毕竟，实战不是剧本，敌人怎么会轻易按照他预设的地点和时间与他交战呢？

还有最为关键的因素之一，就是李信所率领的兵力本就有限，他还分散兵力，这无疑进一步削弱了秦军的战斗力。当然，李信可能有自己的信心，他试图引诱楚军集结主力，主动出击，以便他能够迅速结束战斗。然而，他万万没有想到，自己的补给线会被昌平君切断，从而打乱了他所有的计划。

客观地说，李信的作战策略并非完全错误，只是他过于专注于分析楚军的弱点，却忽视了秦军自身的弱点。这就像闭着眼睛向移动的箭靶射箭，即使是世界上最好的射手，也难以命中目标。因此，李信的失败成为了不可避免的结果。古人说：一个人要立身处世，必须自我反省，了解祸福如同了解自己的影子。

对于秦王政来说，李信的挫败并非核心症结，他现在面临的最大挑战是如何说服已经退休的王翦重新出山，担任军队的统帅。

为了显示自己的诚意，秦王政不惜降低自己的身份，亲自前往频阳，到王翦隐居的地方，向他表达深深的歉意："我过去没有听从将军的建议，导致秦军遭受了耻辱。现在楚军不断向西推进，形势紧迫，虽然将军身体不适，但在国家危难之际，

第十章 自食其果——李信的轻敌与秦王的应对

怎能袖手旁观,让我陷入孤立无援的境地?"

秦王政的性格中,有着一种难能可贵的特质,就是即便身为国君,他亦能正视自己的错误,不因身份尊贵而讳疾忌医。相反,他愿意放下君王的架子,积极寻求补救之道,以挽回先前的失误。

当初,秦王政之所以未采纳王翦的策略,实际上是有深层次的考虑的。六十万大军已经是秦国当时能够调动的最大兵力。如果将全国的兵力都投入到一场战斗中,并且将指挥权交给一个人,胜利固然是好事,但如果失败,则可能面临亡国的灭顶之灾。

这样的决策对于任何一位君主来说,都是难以轻易做出的。作为国家的领导者,秦王政自然是把国家的利益放在第一位,他希望在军事行动中以最小的成本获得最大的胜利,这是任何君主都会考虑的问题,也是军事行动中的一种经济原则。现在,面对当前的局势,秦王政果断决定请王翦出山,希望能够扭转不利的局面。

然而,面对秦王政的热情邀请,王翦并没有立即接受,而是谦虚地推辞说:"我已经年老体弱,精力和智慧都不如从前,恐怕难以承担这样的重任。大王还是另选一位有能力的将领吧。"

秦王政听到王翦的推辞后,诚恳地回应说:"请将军不要再推辞了!"他亲自前往频阳向王翦道歉,这已是他作为一国之君所能展现出的最大诚意，也是对王翦极大的尊重。

王翦作为一位经验丰富的老将，虽然未曾深陷政权斗争的旋涡，但在高层领导层中摸爬滚打多年，对很多事情都有着深刻的理解和透彻的观察。他了解秦王政的性格和行事方式，知道这位君主虽然能够认识到自己的错误并道歉，但这绝不意味着他会一直放低身段。

秦王政这次屈尊相请，背后所蕴含的，是他作为君王的尊严。因此，如果王翦不顺势接受邀请，而是继续拒绝，那么在秦王政看来，这无疑是对他权威的挑战。而秦王政，是绝对不会容忍有人挑战他的权威的。

在这一刻，秦王政以实际行动向王翦传达了一个明确的信息，作为君主，他已经屈尊亲自来访，而王翦作为臣子，若继续回绝君主的请求、违背君主的意愿，那么他是否还称得上忠臣呢？

王翦此刻的境遇，与当年的白起颇为相似，但又有明显的不同。秦王政并未受到谗言的影响，而是基于其他考虑做出了不当的选择。但他很快就认识到了自己的过失，并迅速采取了补救行动。因此，与白起相比，王翦的境况显然要幸运得多。

王翦明白顺应时势的重要性，他深知"识时务者为俊杰"的道理。于是，他不再坚持拒绝秦王政的请求，而是提出了自己的条件："如果大王坚持要我领军，我仍然坚持我的观点，没有六十万大军是不行的。"

第十章 自食其果——李信的轻敌与秦王的应对

秦王政对王翦的明智和识大体表示极大的赞赏，并同意了他的条件："一切都按照老将军的计划来。"

于是，"王翦将兵六十万人，始皇自送至灞上。"(《史记·白起王翦列传》)"蒙武为秦裨将军，与王翦攻楚。"(《史记·蒙恬列传》)王翦作为征伐楚国的统帅，蒙武作为裨将军，与王翦一起，带领着六十万大军，威武雄壮地向战场进发，其壮观的军容令人赞叹不已。

第十一章 心照不宣——王翦与秦王的默契

《史记·白起王翦列传》中曾记载："王翦果代李信击荆。荆闻王翦益军而来，乃悉国中兵以拒秦。"

秦王政二十三年（前224），历史的车轮缓缓驶入了一个决定性的时刻。是时，著名的将领王翦被正式任命为秦军的统帅，此举在秦军中激起了强烈的共鸣，全军上下团结一致，士气高昂。而当楚王负刍接到战报，得知王翦的大军正迅速向楚国进发时，他立刻动员了全国的军力，誓要抵御这股汹涌而来的秦军洪流。

一场波澜壮阔的战役，其序幕正缓缓拉开。

在王翦领军出征的庄重时刻，秦王政亲自前来送行，其情深义重，无法用言语完全表达。

王翦在那一刻，可以说是荣耀至极，恩宠无比。当送行的队伍到达咸阳东郊的灞上时，秦王政本打算就此返回宫殿，王翦却在这时提出了一个出乎意料的请求。

"大王"王翦的声音沉稳而坚定："臣下有一个请求，希望大王能够恩准。"

秦王政示意他继续说下去。于是，王翦慢慢地说出了他的

第十一章　心照不宣——王翦与秦王的默契

心愿:"臣下带兵打仗,即使有功劳,最后也难以封侯赐爵,所以趁着大王还倚重我,冒昧地请求大王赐予我一些庄园和田地,越多越好。"

这一请求,无疑让秦王政感到非常惊讶。他不禁问道:"老将军何时开始对这些物质财富如此重视了?"

王翦听后,恭敬地回答说:"臣下实际上是为了子孙后代考虑,希望为他们留下一份产业,使他们将来不必为了庄园和田地而劳碌奔波。"说完,他拿出一张事先准备好的地图,上面详细地标出了许多地点,都是咸阳一带的豪华庄园,其中也包括一些带有池塘的宽敞庭院。

王翦将地图呈给秦王政,并再次恳求秦王务必满足他的请求。

秦王政听后,不禁哑然失笑。他说道:"老将军,你尽管放心出征,至于财富和田地的事情,我会为你妥善处理,你不必为此担忧。"

当秦王政的允诺之声落下,王翦的脸上浮现出一抹复杂的微笑,那是一种苦涩与释然交织的表情,其背后的深意,不是局外人能够轻易理解的。

王翦此举,实际上是一种高明的自贬策略,目的是消除君主的疑虑,确保自己能够全心全意地投身于战事之中。这一行为,成为后来历史上众多功臣效仿的典范,体现出古代政治家在权力与信任之间的微妙平衡术。

然而，对于王翦的请求，李斯却表现出了截然不同的态度。他轻蔑地笑着说："没想到王老将军竟然也这么看重那些世俗的财富。大王，您要知道，现在秦国所有的军力都掌握在王老将军一个人手中，万一……"

李斯的话还没说完，就被秦王政挥手制止了。秦王政语气坚定地说道："我用人的原则是，疑人不用，用人不疑。既然已经决定让王翦领军，却又处处怀疑他，这怎么能让他无忧无虑地在战场上作战？历史上，有多少将领因为受到限制而不能在战场上取得辉煌的胜利？我看重的是最终的成果。"

历史上，不少杰出将领因长期在外征战，往往容易遭受君主的猜疑和朝中奸臣的诽谤，最终落得悲惨下场。白起和李牧便是这样的典型例子。白起虽非战死沙场，却终究因范雎的谗言而含泪自刎。如今，李斯在秦王政面前猜忌王翦，称其贪得无厌，又掌控着六十万大军，可能生出反叛之心。这与当年范雎的所作所为极为相似，说到底，还是李斯担心王翦的地位会超越自己，威胁到自己的权势。

秦王政作为一国之君，不仅需具备超越常人的胸襟，更需承受常人难以想象的重压。当时，秦国的军事指挥权完全掌握在王翦一人手中，他内心的忧虑是不言而喻的。但是，作为君主，秦王政只能将这份忧虑深藏心底，无法与他人分享，即使常伴身边的李斯也不行。因为，秦王政明白，每个权臣的心里都有自己的谋划。秦王政更愿意相信自己的判断。

第十一章 心照不宣——王翦与秦王的默契

这也是君主权力之下，孤独与责任的双重写照。

当秦军抵达函谷关这一关键的战略位置时，王翦将军立刻派遣使者快马加鞭返回咸阳，希望能够亲自见到秦王政，以表达他的感激之情，并趁机提出了一些关于土地和住宅的请求，期望得到秦王政的批准。

根据历史记录，在王翦真正到达前线之前，如此派遣使者在咸阳和前线之间来回奔波，竟然多达五次，其频繁程度足以引起他人的关注。

在王翦身边侍奉多年的亲信，对于将军的这一连串举动，心中充满疑惑。在他们看来，王翦一直以清廉著称，并不是那种贪图财物的人。然而，他如此频繁地请求土地和住宅，确实有些异常，令人难以理解。一位亲信忍不住内心的疑问，大胆上前劝告："将军这样频繁地索求财物，恐怕会影响您的名声，这似乎不太合适。"

面对亲信的忧虑，王翦只是微微一笑，眼神中透露出深邃的智慧。他耐心地解释道："你们看到的只是表面现象。实际上，我这样做是为了安抚大王的心。这次出征，大王将秦国的全部军力都交给了我，他内心的焦虑和不安是显而易见的。我不断地向大王请求土地和住宅，正是为了向他表明，我所追求的只是一些物质上的东西，而不是他真正担心的东西。只有这样，大王才能对我放心，我才能无忧无虑地指挥军队，战胜敌人。"

王翦的这番话，不仅显示出他作为政治家的深思熟虑，也揭示了古代君臣之间建立信任的微妙过程。王翦的考虑虽然深远，但也存在一定的局限性。他准确把握了秦王政多疑的性格特点，但在一定程度上忽略了军事指挥权对国家和君主的重要性。

确实，秦王政的担忧并非没有根据，但他在用人上的开明和大胆放手同样值得关注。将六十万大军的指挥权完全交给王翦，且没有对他的军事行动施加任何限制，这一决策无疑显示出秦王政非凡的勇气和对王翦的绝对信任，也证明他的猜疑之心其实并没有人们想象的那么严重。

在秦王政的性格和能力中，那些闪光的特质常常被历史的尘埃掩盖，未能得到应有的重视。

在公众的认知中，秦王政似乎总是与严厉、残酷和多疑等负面标签联系在一起。然而，仔细阅读《史记·秦始皇本纪》，我们不难发现，秦王政在用人上的独到眼光、宽广胸怀和高明手段，在历代君主中实属罕见。

如果从君臣关系的稳定性和亲密度来看，秦王政更是表现出了一定的优势。在他的统治时期，吕不韦是他唯一除掉的重要大臣。除此之外，秦王政与秦国政治核心的其他关键人物，如王翦、李斯、蒙恬等，都保持着非常和谐的关系。这一现象，不单单反映出秦王政卓越的政治智慧，而且在一定程度上，为他统一六国的伟大事业奠定了人际关系基础。

在分析历史上各王朝的政治结构时，秦王政时期的政治中

第十一章 心照不宣——王翦与秦王的默契

心有着明显的稳固性，这一成就与他在人才选拔上的独到见解、大胆的决策和高明的策略密不可分。

以尉缭为例，尽管他最初对秦王政持轻蔑态度，但秦王政并没有因此而惩罚他，反而以君主的身份与尉缭共餐共寝，用实际行动深深感动了这位智者，最终赢得了他的忠诚。

再比如韩国的郑国，虽然他作为间谍被揭露，但在秦王政的宽容之下得到了赦免，并因其出色的才能而受到重用。正是这种难得的信任，激励郑国全力以赴地投入到著名的郑国渠水利工程中，极大地推动了秦国经济实力的增长。

自秦王政亲自掌握政权以来，他就开始了精心准备。终于，在秦王政十七年（前230），他发兵东征，一举消灭了韩国；随后，在秦王政十九年（前228）攻占了赵国的都城邯郸；秦王政二十一年（前226），他又成功击败了燕国的主力军队，到秦王政二十五年（前222），燕国走向灭亡；最后，在秦王政二十二年（前225），魏国也在他的强大攻势下被摧毁。

秦王政之所以能够成就一统天下的伟业，其最大的资本莫过于他手中那支汇聚了各国精英的人才队伍。这支队伍展现出强大的战斗力，并在秦王政的领导下，共同书写了那段波澜壮阔的历史篇章。

秦王政对属下每一位臣子的性格与能力，均有着深刻而独到的理解。以李斯为例，他的人生哲学中，利益始终占据核心地位。李斯此人，在趋利避害方面展现出了超凡的智慧，这种特质使得他在追求个人名利的同时,也会不遗余力地效忠于秦王政,因为这是他保全自身名利的最佳途径。

又如李信,他年轻气盛,自信满满,身上流淌着秦国不可或缺的尚武精神,但同时也难免因急于求成而显得有些莽撞。

再来看王翦,他对于功名利禄并不过分执着,性格上显得相对保守,几乎从不涉足没有十足把握的事情。

秦王政对王翦的了解非常深刻,王翦也同样理解秦王政的内心。

在秦王政早期执政时,王翦就敏锐地意识到,这位君主与其他国君有很大的不同。他既果断又专横,同时又灵活多变。秦王政非常注重结果,对于失败者的任何解释都不予理会,但同时,他也会根据实际情况做出判断,不会无端地惩罚失败的将领。由于内心深处缺乏安全感,秦王政总是在行动中寻求内心的平衡和满足。

因此,王翦通过请求赏赐田地的方式,巧妙地消除了秦王政心中的不安和疑虑,确保自己在征战过程中不会因为谗言而受到不公正的待遇。毕竟,消灭楚国这样艰巨的任务,不是短时间内就能完成的。

从秦王政与王翦的这次互动中,我们可以深刻地认识到,在集权专制的国家里,任何可能威胁到集权统治的因素,只要有一点颠覆集权的潜在可能,就必然会遭到统治者的猜疑与防范。

第十一章　心照不宣——王翦与秦王的默契

昌平君的前车之鉴仍旧记忆犹新,对秦王政而言,那无疑是自己策略上的一次重大失误;而李信的失利,则暴露了他在用人上的失误。如果此时王翦的军事行动再有任何闪失,后果将难以预料,甚至可能危及秦国的稳定。因此,秦王政的处境极为微妙,但他还是对王翦给予了充分的信任和授权。

与此同时,王翦也面临着巨大的压力,他心中充满了担忧。但他所担心的并不是与楚军战斗的胜败,而是在进攻楚国的过程中可能出现不可预见的变数,这些变数可能会破坏整个战略布局,甚至影响他个人的命运。

随着年龄的增长,人们的思考往往会变得更加复杂。过去的所有经历,不论成败,都会不时地在脑海中重现,对现在的情绪产生深刻的影响。特别是在需要做出重大决策的时刻,人们往往会不自觉地回想起过去那些曾经做出的选择以及随之而来的结果。

这种心理上的负担,虽然在无形中增加了许多烦恼,但人们往往对此毫无察觉。

在这种背景下,秦王政和王翦之间的相互信任以及他们的心理承受能力,无疑遭遇了巨大的考验。他们不仅要携手面对战场上的重重挑战,还要克服内心深处的畏惧和顾虑,以确保这场对秦国命运至关重要的战争能够以胜利告终。

第十二章 铁骑雄师——王翦统率六十万大军

经过深思熟虑和全面评估，王翦决定在进入楚国领土后，将主力部队驻扎在平舆（今河南平舆）这一战略要地。尽管此地名义上仍属楚国，但实际上早已被秦国纳入囊中，只是由于秦国一直未对其进行有效的开发与治理，所以显得比较荒凉。王翦选择在这里驻扎，体现出他在军事战略上的深邃智慧与独到眼光。

平舆地区紧邻秦国边境，而远离楚国的中心地带，其地理位置之优越，不言而喻。如果楚国主动发起进攻，它那漫长的补给线将成为一个致命的弱点。如此一来，秦军便可凭借自身在物资供应上的优势，攻击敌人的弱点，从而占据上风。

在这次对楚国的军事行动中，蒙武也是参战的将领之一。但是，让蒙武感到意外的是，王翦并没有像他预期的那样，带领大军直接攻击楚国的都城寿春，而是命令全军在平舆驻扎，丝毫没有主动出击的意图。

王翦目前确实没有立即出兵的打算。

在军队集会时，他清晰地表达了自己的战略思考："楚国虽然已经显露出衰落的迹象，但它的根基还在，仍然是一个大国。

第十二章 铁骑雄师——王翦统率六十万大军

想要迅速决战，一举攻占楚国，几乎是不可能的事情。因此，我们必须采取稳步推进的策略，不能轻率行动。等到楚国的主力军逐渐集结到这里，才是我们与他们决战的最佳时机。"

蒙武听后，心中充满疑问，于是上前询问："将军，我们这次倾全国之力而来，目标是迅速消灭楚国，难道不是应该尽快以压倒性的力量迅速征服楚国吗？"

王翦深邃地看了蒙武一眼，然后慢慢地说："我有一个重要的任务要交给你。你需要秘密回国，到西北地区去，训练骑兵。"

蒙武听到这个命令，感到非常惊讶："将军，为什么偏偏选择我去训练骑兵呢？"

王翦严肃地说："上次攻击楚国时，我们的骑兵遭受了重大损失，现在骑兵力量严重不足。你勇敢善战，又精通马术，是训练骑兵最合适的人选。"

蒙武心里不情愿，试图推托："训练骑兵而已，难道别人不行吗？为什么非得是我？"

王翦坚定地说："这是军令，你必须服从。"蒙武无奈，只得接受命令，但心中仍充满不快。

王翦环顾四周，对士兵们严厉地说："从今以后，如果还有人谈论速战速决的事情，我就罚你们去放马。"这话一出，全军上下，没有人再敢多说话。接着，王翦又下令："全军就地休整，任何人都不得私下讨论出战的事情。"

士兵们听到可以就地休整，都非常高兴。多年征战，他们从未有过如此舒适的休整时间，自然感到非常高兴。

于是，秦军在平舆地区休整了几天。王翦每天在军营中悠闲地散步，显得非常轻松。而楚国的将领项燕则完全不同，他始终保持着高度的警觉和紧张，与王翦自在的状态形成鲜明对比。

自从项燕在战场上战胜了李信，他的声誉便如日中天，迅速攀升。楚王负刍对项燕的才能给予了高度评价，认为他是楚国振兴的希望所在，对他寄予极大的期望和重任。

楚王负刍和项燕一直在紧密监视秦国的动向，却没想到秦军在遭受重大失败后，能如此迅速地重新组织进攻。当王翦带领大军刚刚离开函谷关时，项燕就已经接到了战报，并开始紧急准备迎战。他动员全国的军力，集结起一支规模庞大的五十万大军，决心与王翦决一雌雄。

楚王负刍对这场战役同样给予了极大的关注和重视。他清楚地意识到，秦国此次将全部兵力投入到攻打楚国的战场上，其目的便是要一举消灭楚国。因此，楚王负刍果断地任命项燕为统帅、昌平君为副帅，共同率军迎战秦军，力图击退这股强大的军事力量。

此时的昌平君，已经恢复了楚国贵族的身份，成为楚王负刍身边的重要助手。他的存在，毫无疑问地为楚军注入了一股强劲的力量。如果秦王政得知这一情形，或许会对自己当初的

第十二章 铁骑雄师——王翦统率六十万大军

决定感到懊悔。

项燕充满自信地宣称:"我们的战略目的不仅仅是把秦军赶出楚国,而且要让他们在楚国境内遭受毁灭性的打击,彻底被歼灭。"

楚王负刍听到这番话,心中大喜,好像已经看到了消灭秦军、永久确保国家安全的美好前景,认为自己可以从此无忧无虑,安心享受和平。

然而,昌平君却对项燕的豪言壮语表示担忧。他责怪项燕口气过大,若是一旦无法拿下秦军,又该如何向楚王负刍交代呢?

项燕对此却不以为然,他始终没有把王翦当作一个值得重视的对手。在他看来,王翦并不是那种拥有显赫战功和战神名号的大将,而是属于那种波澜不惊、稳扎稳打的类型。尤其是现在年纪大了,王翦的行动会更加谨慎,追求稳中求胜。在项燕眼中,王翦之所以能够在战场上取得胜利,很大程度上是依靠运气而已。

项燕如此看待王翦,并非没有缘由。但凡对王翦稍有了解的人,都知道他在很多场战役中都曾险些失败。这些经历,无疑让项燕对王翦的实力产生了质疑,从而更加坚定了自己能够战胜秦军的信心。

昌平君对王翦的看法与项燕大相径庭。他视王翦为一个内敛而卓越的军事指挥官。尽管王翦不事张扬,不显锋芒,但能够屡战屡胜，必然拥有非凡的才能和作战技巧。

项燕明白昌平君曾与王翦有过共事的经历，对王翦有着深刻的了解。因此，项燕满怀信心地向昌平君保证："我已经制定了详尽的计划，你无需多虑，只需耐心等待，好戏即将上演。"

项燕清楚地意识到楚军与秦军在战斗力上确实存在一定的差距。因此，他并不打算采取快速决战的策略，而是与王翦不约而同地计划起一场持久战，目的是消耗对方的力量。虽然秦军在军事上占据优势，但他们身处楚国的领土上，项燕完全有办法动员所有楚军的力量，将秦军困在楚国境内。然后，他会寻找机会实施他的离间计，这正是他之前向昌平君提及的计划。

为了执行这一计划，项燕秘密派遣人员潜入秦国，散布王翦企图率军谋反的谣言。这些谣言像野火一样迅速在秦国境内蔓延。当这些谣言传到秦王政那里时，他冷静地对身边的李斯说："这一定是楚国的诡计，目的是动摇我们的军心。"

李斯则有些忧虑地回应："大王，已经过去一个多月了，王老将军一直按兵不动，他的真实意图是什么呢？"

听到这话，秦王政断然回应："不要乱说。我曾经说过，我相信王老将军的忠诚和智慧。"李斯听后，立刻沉默下来，不敢再发表意见。

尽管项燕的离间计没有成功，但他并没有过多地纠结于此，而是将所有的精力都投入到备战上。他机智地利用地理优势，在淮河和长江这两条自然防线上部署重兵，建立坚固的防御体系来抵御秦军的进攻。项燕的战术非常明确：如果王翦发起猛烈进攻，他就会放弃淮北地区，迅速撤退到下一个防御点。

项燕的战术思路非常清晰，即避免与王翦的主力军正面冲突。他坚信，只要能够持续成功地进行防御，就必定会耗尽秦军的粮草。一旦秦军的粮草供应中断，那就是他反击的最佳时机，王翦的大军最终将落入他的手中。

为了这场战斗，项燕做了非常充分的准备。他不仅全面布置防御，还派人去秦国已经征服的四个国家的旧地，煽动那里的旧民制造叛乱。他的目标很简单，就是要牵制住王翦，使其无法全力攻打楚国。这种战术与之前对抗李信时的策略相似，都是采取前后夹击的战斗方式。

项燕经过深思熟虑，分析了所有他能考虑到的客观因素。即使四个国家的残余力量不参与这次军事行动，对他来说影响也不会太大。因为他还有下一个动员的目标——仍然存在的齐国。他完全可以说服齐国，趁秦国国内空虚的时候，派出军队进行突袭。到那时，王翦必然需要领兵回援，而他就可以与齐军紧密配合，一起攻击秦军，实施夹击。

总的来说，项燕对夹击战术情有独钟。在他制定的作战计划中，夹击战术始终是他的首选。他坚信，通过精心的战略布局和灵活的战术运用，一定能够战胜强大的秦军，保卫楚国的安宁。

"兵戈不见老莱衣，叹息人间万事非。"在那个战火连天、纷争四起的时代，人生的起伏和世界的变迁似乎成了不可避免的主旋律。如果所有的事情都能按照人们的意愿发展，那么每个人都能成为王者，每个国家都能称霸一方，但这显然是一种不切实际的幻想。人们在规划未来时，往往以最理想的结果为目标，然而，那些不可预测的因素却常常以残酷的现实为画笔，描绘出"徒劳无功"的悲哀画面。

项燕曾经尝试在被秦国征服的四个国家中寻找残余的力量，希望能够联合起来对抗秦国，但这一努力最终未能实现。

之后，他又将希望寄托在齐国身上，派遣使者去动员齐国，希望齐国能够出兵与楚国结盟。不承想，齐王建却将使者拘捕，并将其交给了秦王政，以此来表现对秦国的顺从。这一行为无疑给项燕的计划带来了沉重的打击。

面对计划的失败，项燕心中自然充满了失望。谁料，让他意想不到的是，更大的绝望还在后面。项燕一直在尝试从内部削弱秦国的力量，却没想到有一天自己也会因为内部的分裂而受到削弱。

在这次对抗秦国的战斗中，楚国虽然从各地集结兵力，组成了一支看似强大的军队，但实际上各地的军队都有自己的打算，缺乏统一的指挥，就像一盘散沙。再加上项燕和昌平君之间的意见不合，更是让楚国对抗秦国的战斗变得更加艰辛，其困难程度可想而知。这场战役显然已经不单是对楚国军事实力的考验，更是一种对楚国内部团结和智慧的严峻挑战。

第十二章 铁骑雄师——王翦统率六十万大军

昌平君始终坚持速战速决的战略主张,他深信兵贵神速的道理,并认为试图耗尽王翦大军的粮草无异于天方夜谭。毕竟秦国坐拥巴蜀之地,粮草储备远胜于楚国,再加上从被灭四国中获取的物资,秦国的战略资源之丰富是楚国所无法比拟的。但是,项燕似乎没有把昌平君的这一观点放在心上。

与此同时,来自楚国各地的将领们也对项燕提出了质疑。他们回想起之前轻松击败李信的战斗,认为秦军并没有想象中那么强大。因此,他们一致认为项燕的谨慎实际上是怯战的表现,甚至楚王负刍也参与了这场争议,命令项燕立即出兵。

项燕并没有像王翦那样幸运,得到一个明智的君主的支持。在万般无奈的情况下,他只好选择出兵迎战。此时,项燕也不敢再坚持防守策略,因为他清楚,如果再不出战,楚王负刍很可能会将他的谨慎解读为叛乱的意图。到那时,他这位尊贵的将军可能不会在战场上牺牲,而是被囚禁在阴暗的牢房中痛苦地死去。

因此,项燕毅然决然地向秦军发起了全面进攻,这是他最后的坚持和反抗。

当五十万楚军如汹涌的波涛般向秦军营地涌来时,秦军的士兵们无不兴奋地准备迎战,他们似乎看到了展现勇气和忠诚的绝佳机会。出乎所有人意料的是,王翦却下达不许迎战的命令,这让将士们感到困惑不已。他们跨越千山万水来到战场,难道不是为了与楚国决出胜负,展现自己的英勇与忠诚吗?

面对将士们的疑惑，王翦意味深长地说道："决战，其实早就已经开始了。"对于像王翦这样领兵作战能力超群的统帅来说，决战并不仅仅局限于战场上的直接交锋，它更是一场心理与策略的较量。王翦口中的"决战"，既是指秦国与楚国之间的国家决战，也暗含了他与秦王政之间的权力与信任决战。

王翦率军离开秦国已有相当长的时间，他心中最担忧的莫过于军队的士气。自从李信败北之后，秦军的士气一直低迷不振。王翦之所以让军队进行休整，正是为了让将士们能够得到充分的休息，从而在放松中找回作战的状态，重燃斗志。

除此之外，王翦还深深忧虑着秦王政的态度。此时的秦王政内心焦灼不安，其忧虑程度甚至超过了王翦。王翦换位思考，如果今日是他坐在秦王政的位置上，面对如此漫长的战线和不确定的战局，恐怕早就收回兵权，另寻他策了。故而，王翦迫切希望楚国能够赶紧出兵应战，以打破当前的僵局。因为如果战线拉得太长，他可能陷入险境，更有可能失去秦王政的信任和支持。

仿佛是对王翦无声呼唤的回应，项燕率领着楚国的主力大军，正浩浩荡荡地向他逼近。

《史记·白起王翦列传》中对这场战役有详尽的记载，从中我们可以略窥王翦的战略思维。"王翦至，坚壁而守之，不肯战。荆兵数出挑战，终不出。王翦日休士洗沐而善饮食抚循之，亲与士卒同食。久之，王翦使人问军中戏乎？对曰：'方投石超

第十二章　铁骑雄师——王翦统率六十万大军

距.'于是王翦曰:'士卒可用矣.'荆数挑战而秦不出,乃引而东。"

王翦一到前线,就决定采取坚守策略,不与敌军交战。尽管楚军不断挑衅,他依然保持冷静。王翦每日都让士兵们休息、洗浴,并提供美味的饮食,与士兵们一同进餐,以此来安抚他们的情绪。

经过一段时间的休养,王翦开始询问士兵们的日常娱乐活动。

"这么长时间以来,士兵们都在进行哪些娱乐活动呢?"王翦好奇地问道。

部下回答道:"他们玩儿扔石头的游戏。"

扔石头,这个看似简单的活动,实际上是一项需要技巧的训练,也是冷兵器时代军队训练的重要科目之一。它要求士兵们掌握准确的投掷技巧,以扔出更远的距离。

王翦听后,微微点头,但仍未下令出兵迎战。

王翦明白,长时间的等待和准备可能会削弱士兵们的战斗热情。因此,他采取了一系列措施来保持军队的士气。他让将士们每天吃饱睡好,以养精蓄锐。同时,为了提高军队的娱乐性和互动性,他还在营中举办起体育竞技赛。这样一来,将士们每天都有事情可做,而且充满了期待和乐趣。他们的心情逐渐放松下来,每个人都变得朝气蓬勃,军队的士气也得以恢复到之前的水平。

在王翦的精心安排下，军队不仅得以保持高涨的士气，还在不知不觉中完成实战训练。而此时楚军选择进攻，无疑是一个不明智的举动。他们即将面对的，是一场由王翦精心策划的猛烈反击。

项燕巧妙地将他指挥的五十万大军分成了10支精兵，并逐一派遣它们出击，对秦军的阵地发起连续的攻击。但是，不管楚军如何挑衅、如何激烈地攻击，秦军都像是一道坚不可摧的城墙，坚守阵地，始终不开门迎战。

楚军的攻击力在这一刻似乎完全失去了效果，就像是一记重拳打在柔软的棉花上，无法得到敌军的任何回应。面对这样的局面，项燕决定改变策略，他命令将士们对秦军进行辱骂，试图用激将法来迫使秦军出战。

然而，这一计策并未奏效，秦军依然保持着沉默，没有丝毫出兵的迹象。

秦军面对楚军接二连三的挑衅和辱骂，始终保持着惊人的冷静和自制。这让项燕开始怀疑自己之前的担心是否有些多余，他甚至开始怀疑秦军是否只是来此驻守，而不是真的意图消灭楚国。当然，这是他的痴心妄想，多年的征战经验告诉项燕，这种怀疑只是一种自我安慰，实际情况远比这复杂。值得注意的是，昌平君也有同样的想法。这可能是他们在这场战争中唯一一次达成共识，也是他们在面对强大的秦军时共同的无奈和困惑。

第十二章 铁骑雄师——王翦统率六十万大军

昌平君对秦军这种看似消极的战术感到困惑。他了解,这并不符合秦军的常规作战方式。秦军的沉默,更像是暴风雨前的平静,这让他心中产生了一种不安的预感。因此,他找到项燕,严肃地表示:"王翦不肯出战,此中必有蹊跷,恐怕他正在暗中谋划什么。这样的局面,对我们来说实在太过危险。"

项燕听了昌平君的话,心中暗自点头,觉得昌平君这次的分析倒是颇为中肯。尽管如此,眼下的困境却让他束手无策。

战争一开始,他所采取的"以近待远,以佚待劳,以饱待饥"的作战策略,在现实中却遭遇了重重阻碍。周围的人都在劝他主动出击,速战速决,这让他感到无比的压力。现在,项燕知道自己已经陷入了王翦的陷阱,却无法摆脱,更无法全身而退。

生活总是充满了无法预料的挑战和内心的纠结。我们清楚地意识到,通向未来的路途绝不会是一片坦途,但即便如此,我们还是必须坚定地迈出步伐,勇敢地面对每一个困难,不断前行。其中的无奈,只能自己消化。

昌平君并不知道项燕此刻的内心挣扎,他继续按照自己的逻辑分析。他认为,王翦的目的很可能是想要通过拖延战术来拖垮楚军。这一分析并非空穴来风,因为此时楚军的粮草供应已经出现了短缺的问题,而反观秦军,他们的粮草仍然堆积如山,似乎永远不会用完。

就在昌平君和项燕紧张地讨论战局时,楚王负刍和大臣们的催促声不断传来，他们都强烈要求采取行动，打破这种僵局。但是，对于项燕和昌平君来说，他们清楚地知道，任何鲁莽的行动都可能将楚军推向万劫不复的深渊。

项燕心中充满了说不出的苦楚，他急切地希望楚王负刍能再给他一些时间。毕竟，王翦在这个地方驻扎已久，秦王政难免会产生疑虑。如果能够成功让王翦受到惩罚或者被召回秦国，那么这场战争或许可以避免，目前的困境也可能会自然解决。

然而，事实证明这只不过是项燕的单方面期望。他没有等到秦王政的命令，却意外地遇到了昌平君的擅自行动。

昌平君毅然决然地作出抉择，率领半数楚军，与项燕分路而行。他坚信决战的时机不是等待得来的，而是需要自己去创造和争取先机。因此，他决定带领这部分兵力开辟新的战场，誓要迫使王翦出营迎战。

昌平君的这一行动无疑是在冒险，但他愿意为了取得胜利而冒险一试。

项燕对昌平君的决定表示强烈的反对。他清楚地知道，楚军的兵力本来就少于秦军，如果此时分兵，肯定会大大削弱楚军的力量，使他们更容易被王翦逐一击败。然而，昌平君完全不顾项燕的反对，他对自己的战略眼光和决策充满信心。在昌平君的思维里，只有采取大胆的行动才能赢得胜利。他不想被王翦耗尽资源，宁愿轰轰烈烈地战死，也不愿窝囊地死去。对他来说，只有战死沙场，才能展现出自己的英勇和决心。

第十二章 铁骑雄师——王翦统率六十万大军

因此,他决定冒险一搏,将兵力分成两路:一路旨在引诱王翦出兵,另一路则从后方包抄王翦,试图一举击败秦军。

项燕对昌平君那种不切实际的想法感到无言以对,内心不禁感叹:用二十五万包围六十万敌军,这简直是荒诞至极,如同痴人说梦。就在两人为此争执不休时,楚王负刍的催促之声又如约而至,他以国君的身份断然下令:"立即开战,违者军法从事!"

楚王负刍的这道命令,显然是将项燕和五十万楚军的生死存亡置于秦国的刀锋之下。对于项燕而言,眼前的选择似乎只剩下了两条:一是等待秦王政下令召回王翦,但鉴于楚王负刍催促开战的紧迫性,这条路似乎已经行不通;二是被王翦的军队所歼灭,这显然是一个无人愿意面对的结果。

而另一边的王翦,与项燕的困境相比,所面临的局势更加微妙和艰难。

自从他离开秦国后,秦王政无时无刻不在密切关注着前线的动态。一个人的权力越大,他所承受的责任和压力也就越重,相应的疑心也会随之增加。其实,王翦也能够深刻理解秦王政的担忧,并高明地对症下药。他每隔一段时间就会派人去向秦王政请求赏赐田宅,以此来表明自己并无二心。而秦王政在收到这样的请求时,也总能洞悉王翦的用意,两人之间已经形成了一种心照不宣的默契。

蒙武的归来,为紧张的战局带来了一丝缓解。这位经过一年多严格训练的骑兵指挥官，成功地重建了秦军的轻骑兵部队，这一成就让王翦感到非常高兴。

在与蒙武的深入讨论中，王翦表达了他的看法："目前楚军的士气已经大幅度下降，这似乎是一个发动攻击的良机。但是，我仍然希望我们能够以最小的牺牲来获得最大的成功。因此，我决定让你带领轻骑兵，以曾经的魏国地区作为切入点，绕到楚军背后的彭城（今江苏徐州）。之后，我将亲自带领主力部队与你会合，一起执行前后夹击的策略。"

值得注意的是，当时的彭城还只是一个不太知名的地方。历史的进程总是充满不确定性，不久之后，这里将成为西楚王国的都城，声名远播。这正是历史的迷人之处，它似乎总是在变化，但又遵循着某种不变的法则。

蒙武在听到王翦的计划后，顿时明白了王翦之前按兵不动的原因，原来是为了等他和他的轻骑兵部队归队。在这一刻，蒙武仿佛看到了自己肩上的责任，他深刻地意识到自己在这场战役中的关键地位。为了回报王翦的信任，蒙武心中充满热情和决心，他默默发誓，一定要消灭楚军，为秦国的胜利贡献自己的力量。

秦楚两国的最终对决就此轰然拉开帷幕。

项燕接到军情报告，得知秦军即将发动进攻，心中顿时充满了强烈的不安。他凭借自己敏锐的军事直觉，迅速洞悉了王翦的战术意图。面对这突如其来的危机，项燕迅速做出决定，

第十二章　铁骑雄师——王翦统率六十万大军

准备迎战，率领部队向东进发，增援彭城。在当时紧迫的形势下，项燕的这一决策显得非常合理。可惜，他没有充分考虑到昌平君这一关键因素。

两人之间那仅有的一次默契早已消失得无影无踪。昌平君再次与项燕持相反意见，他的根据地在西边，如果跟随大军向东，万一王翦趁机出兵攻打西边，那他的根据地就将陷入危机。因此，昌平君固执地坚持要分兵，回去保卫自己的势力范围。

项燕尽力压制内心的焦虑，耐心地试图说服昌平君，希望他能考虑到整体的战略利益。然而，昌平君却认为那是项燕的战略，而不是他自己的。在昌平君的内心深处，他的战略始终是保卫自己的西方领土。他明确地表达了自己的立场：要么分头行动，各自为战；要么就按兵不动，一起等待王翦的大军到来。这一番话，无疑让项燕陷入了更为艰难的抉择之中。

最终，项燕面对战局感到无能为力，他和昌平君不得不在战场上做出分兵的艰难决定。

众所周知，在战场上，内部的分歧和各自为战是最要不得的。这个决定，无疑为楚国在这场战争中的最终命运埋下了隐患。

面对分兵已成定局的局面，项燕只能希望昌平君能够按照他的计划行动。他计划亲自带领主力部队向东进发，以应对王翦可能的进攻。这样，即使遇到秦军，他也有信心保护自己的主力，这是出于对整个战局的考虑。可惜事与愿违。昌平君在项燕行动之前，迅速带领自己的部队向西撤退，这一突如其来的行动让项燕措手不及，陷入了困境。

项燕不禁仰天长叹，心中对楚王负刍的决策感到失望。他怎么能给自己安排这样一个缺乏远见的合作伙伴，这简直是在坑害自己的战友和国家。

在古代战争中，军队在战斗中撤退一直是一个危险的举动。当然，历史上也有在撤退中保持严整阵型，最终成功逃脱的案例。春秋时期，晋军与楚军交战时，晋军因不敌楚军而不得不撤退。但在撤退过程中，晋军始终保持着严整的阵型，使得楚军找不到合适的时机进行突击。最终，晋军成功撤退。

这是历史上罕见的大规模战斗中，一方紧追不舍，另一方却能安全撤退的典范。遗憾的是，昌平君没有从这个历史事件中吸取经验。

秦王政二十四年（前223），王翦认为时机已经成熟，决定对项燕的军队发起全面进攻。在这场混乱的战斗中，项燕急忙骑马在两翼之间穿梭，试图稳定士兵的情绪。岂料，秦军的攻势迅猛如雷，让人难以捕捉。在项燕还未来得及看清战场形势时，秦军的先锋部队已经像洪水一样涌入了楚军的阵地。

霎时间，楚军的阵地陷入了混乱，战斗声和呼喊声此起彼伏。在秦军的强烈冲击下，楚军的左右两翼迅速崩溃。为了生存，楚军士兵四散奔逃，场面极其悲惨。

关于秦军与楚军的这场战斗，《史记·白起王翦列传》和

第十二章 铁骑雄师——王翦统率六十万大军

《史记·秦始皇本纪》中都有简要的记载。其中提道:"翦因举兵追之,令壮士击,大破荆军。至蕲南,杀其将军项燕,荆兵遂败走。秦因乘胜略定荆地城邑。岁馀,虏荆王负刍,竟平荆地为郡县。""王翦、蒙武攻荆,破荆军,昌平君死,项燕遂自杀。"

大意是:王翦率领秦军大败楚军,在蕲(今湖北蕲春一带)南地区杀死了楚军将领项燕。秦军乘胜,攻占了楚国的城池。一段时间后,秦军俘虏了楚王负刍,将楚国纳入秦的郡县制。

从这些文献记载中,我们可以清楚地看到王翦领导的秦军攻打楚国的路线与李信的大军完全相同,结果却截然不同。在这场战役中,楚军已经失去了优势,尽管项燕奋力抵抗,但最终还是无法扭转局势。最终,秦军在蕲取得了对楚军的决定性胜利。

关于项燕的死因,虽然文献中的记载略有差异,但无论他的死因如何,都无法改变他在这场战役中英勇牺牲的事实。项燕的阵亡,也象征着楚国在这场战争中的彻底失败。

在秦军震耳欲聋的欢呼声中,王翦却保持了出人意料的冷静。他明白,这场看似辉煌的战果,实则并未达到完全的胜利。尽管秦军已经击败了楚军的主力,但楚国的心脏——首都寿春,以及那里的楚王负刍和一支强悍的楚国水军,仍然是一个巨大的潜在威胁。王翦对这一点有着清晰的认识和深刻的理解。

面对这种情况,王翦果断决定继续向南进军,目标直指楚国首都寿春。当秦国还沉浸在胜利的喜悦中时，两支精锐部队已经秘密地离开营地，向寿春进发。

蒙武是领军的将领，他指挥着轻骑兵和水军，机智地避开了驻守在淮河的楚国水军，从侧翼对寿春的北门发起了一次突然的袭击。这一行动，直接切断了寿春守军和水军的联系，使寿春迅速变成了一座孤立无援的城池。

在楚国面临崩溃的关键时刻，楚王负刍终于展现了一位君主的责任感。他勇敢地登上城墙，激昂地激励寿春的人民与城市共存亡。一时间，楚国人民团结起来，寿春的保卫战正式打响。

尽管楚国人民展现出坚定的抵抗意志，但他们毕竟缺乏武器，无法与秦军的强大力量相匹敌。不出所料，蒙武领导的秦军以压倒性的优势，迅速攻占了寿春。楚王负刍被俘，被关在囚车里送往秦国。

至此，寿春完全失守，楚国的命运也走到了尽头。

在蒙武占领寿春之后，王翦并未满足于既得的胜利，而是决定继续扩大战果。他派遣出一支精锐部队，从寿春出发，如同烈火燎原一般，迅速向南推进，目标是彻底消灭楚国的残余力量。

即便是在这样的形势下，楚国并未立即灭亡。因为还有一个人物在暗中蓄势待发，他就是昌平君。昌平君在得知寿春陷落、楚王负刍被俘的消息后，他的斗志被彻底激发。他毅然自立为楚国的新王,并发表誓言:只要楚国还有一个人在,就一定会与秦国血战到底,永不言败。

昌平君和他的军队巧妙地避开了秦军的追捕,成功到达楚国的广陵。秦军得知昌平君的下落后,立刻对广陵进行了包围,并发起猛烈的攻击。然而,广陵城内的楚军选择坚守城池,而不是投降。在这场壮烈的战斗中,昌平君也英勇牺牲。

秦王政二十四年(前223),随着昌平君的阵亡和广陵的失守,楚国正式宣告灭亡。这一历史事件标志着秦国的胜利,也展现出楚国士兵的英勇和不屈不挠的精神。

第十三章 功成身退——王翦为秦王的最后谋划

秦王政对征服楚国的战事给予了极大的战略关注。他亲自前往樊口（今湖北鄂州），举行了一个庄重而盛大的受降典礼，这一举动，不仅展示了秦国的军事实力，也深刻地体现了他对历史转折点的敏锐把握。

楚国，这个有着800年辉煌历史的古国，随着其末代君主的屈辱投降，缓缓地落下了历史的帷幕。这位曾经的君主，放弃了王权的尊严，跪倒在地，向秦王嬴政行臣服之礼，随后被剥夺王位，降为平民，被押送到咸阳，他之后的命运消失在历史的尘埃中，成为了一个永恒的谜团。

秦王政二十五年（前222），大将王翦凭借其非凡的军事才能，继续率领军队南下，迅速平定了楚国的江南地区，并迫使越国的君主投降，随后设立了会稽郡，这标志着秦国对楚国领土的全面控制，为秦国的扩张历史增添了辉煌的一页。

历史的经验总是深刻而令人深思：一个国家的兴衰，往往取决于其统治者是否能够洞察时代的大趋势。楚国的快速衰落，就是一个生动的例子，它提醒后人，即使国力再强大，如果领导者缺乏对历史潮流的敏感洞察，国家的崩溃也可能在转瞬之

第十三章 功成身退——王翦为秦王的最后谋划

间发生。

在这个胜利的辉煌时刻,秦王政亲自出城迎接凯旋的王翦和英勇的士兵们。

这支被称为"虎狼之师"的军队,在王翦的领导下,再次创造了令人瞩目的战绩,赢得秦王政的高度赞赏。特别让秦王政感到欣慰的是,王翦不负所托,不仅取得胜利,还完整无缺地带回所有部队,为秦国的强大打下了更加稳固的基础。

这一幕,无疑为秦国的历史长卷增添了浓墨重彩的一笔。

为了庆祝王翦取得的军事胜利,秦王政特别举办了一场盛大的宴会,以示隆重的庆祝。在宴会上,王翦因为多喝了几杯,竟然提出想要归还之前向秦王政索要的田地、房产和财富,这一举动背后所隐含的深意,实际上是两人之间的一种默契和理解。秦王政明白王翦这样做并非出于真心,而王翦也知道自己的行为是出于对秦王政洞察力的理解。但是,一旦这些话被说破,那种心照不宣的微妙关系就会像薄冰一样破裂,王翦事后虽然非常后悔,但已经无法挽回。

秦王政作为一位君主,始终坚守着统治者应有的思维方式和行为准则,即保持一种难以捉摸的神秘感。这种神秘感,源自他内心的深邃和不可预测性,是他统治策略的一个重要组成部分。

自从亲自执政以来,秦王政的每一个决策、每一个战略都像精确无误的箭矢一样,令人惊叹。而人们之所以感到惊叹,正是因为无法窥探到他内心的真实想法。秦王政将这种精准的判断力归功于自己所营造的神秘氛围，认为这正是他成功的关键因素之一。

多年来，秦王政在保持神秘感方面做得非常完美，然而，王翦的一句醉话却像投入湖面的石子一样，打破了这份宁静和美好。王翦作为秦国军界的杰出人物，之所以能够长期屹立不倒，正是因为他的智慧和才能。他既能符合秦王政的心意，又能与大臣们和谐相处；既具备卓越的军事才能，又精通复杂的政治斗争。可以说，他是所有统治者都渴望拥有的完美顾问。

然而，正是这份聪明和智慧，让王翦在不经意间失去了秦王政的宠爱。这可能是因为，在秦王政看来，真正的神秘和不可预测性，是任何智慧和才能都无法替代的。

王翦，这位战功显赫的老将军，特意请求与秦王政会面，语气中充满了诚挚，缓缓地说道："大王，我已年老体衰，这次出征楚国耗时长久，感到体力日渐不支。因此，我冒昧地向大王请求退休，希望回到故乡安享晚年，恳请大王批准。"

秦王嬴政听了这番话，露出了不舍之意，诚恳地说道："天下尚未统一，齐国仍然存在，我还需要老将军您的大力支持，以完成秦国的伟大事业。"

王翦听后，谦虚地回答："大王，我年岁已高，精力实在难以承担国家的重任。而且，现在秦国人才济济，文武双全，已经展现出了无人能敌的气势，天下归秦，是大势所趋。"

第十三章 功成身退——王翦为秦王的最后谋划

尽管秦王政多次试图说服他留下，但王翦已经决定辞官回乡。经过一番讨论，秦王政看到王翦的决心已定，出于对他健康的考虑，最终同意了他的请求。

在王翦即将离开京城的时候，秦王政向他提出了一个请求：推荐一个能够承担消灭齐国重任的人选。王翦毫不犹豫地推荐了自己的儿子王贲。抛开亲情不谈，王翦的推荐的的确确是非常恰当的。因为在秦王政的心中，王贲也是他心目中的理想人选。

这次推荐，成为了他们君臣之间最后一次默契的无声交流。

在权力的巅峰时刻，王翦展现出一种超凡脱俗的智慧与勇气，他能够在众人对权力趋之若鹜之时，冷静地审视时局的变迁，毅然选择急流勇退。这种抉择，不仅是对权力诱惑的深刻洞察，更是对个人名节与历史定位的精准把握。王翦深知，权力虽能带来一时的荣耀与满足，却也可能成为腐蚀人心、毁灭声誉的毒药。他没有让自己的私欲膨胀，去玷污那经过无数战役磨砺而得的军事荣耀，这份清醒与自制，在权力面前显得尤为珍贵。

王翦此举，不仅是对自我价值的最高尊重，避免了"盛极而衰"的历史宿命，更是对秦王政的一种深沉敬意与忠诚体现。他明白，真正的强者，不仅在于能够攀登权力的顶峰，更在于懂得何时优雅地退场，将舞台留给后来者，这样的智慧与胸襟，远比持续握紧权柄更能彰显其不凡。

时至今日，随着五国的覆灭，齐国自然而然地成为了秦王政下一个征服的目标。齐国，这个曾经辉煌一时的国家，即使在灭亡之时，其光芒依然在历史的长河中闪耀。

在春秋时期的宏伟历史长河中，齐国在齐桓公和丞相管仲的杰出领导下，如同一颗耀眼的星辰，照亮了那个时代。他们共同努力，使齐国迅速崛起，成为第一个统治天下的强国，将其地位推向了历史的顶峰。

但是，随着这两位伟大人物的相继去世，齐国的国力开始衰退，它曾经的霸主地位也被晋国悄然取代。尽管如此，齐国并没有就此衰落，在"田氏代齐"这一历史性变革之后，齐国的政权虽然发生了根本性的变化，从姜氏转移到田氏手中，但其作为一个强国的地位依然稳固，即使国力不如从前，也没有国家敢轻视它，仍然视其为一个重要的诸侯国。

齐国在历史上也曾有过让秦国感到震惊的时刻。

齐湣王三年（前298），齐国凭借其独特的战略眼光，发起了一场大规模的合纵行动，联合韩国和魏国，共同对秦国的函谷关发起了强烈的攻势。这次由齐国主导的三国联军攻秦事件，不仅是秦国崛起后首次遭遇的来自齐国的联合攻击，更因为秦军的不敌而被迫割地求和，从而证明了齐国的强大实力。

此次事件无疑让秦国对齐国刮目相看。在此之前，秦国可能从未预料到齐国会有如此强大的力量。因此，当秦昭王十九年（前288）秦昭襄王在宜阳自封为"西帝"时，他首先想到

第十三章 功成身退——王翦为秦王的最后谋划

的是邀请齐国一同称帝。秦昭襄王这样做背后的原因是复杂的：他担心自己单独称帝会激怒齐国，从而引发齐国的猛烈反击。秦昭襄王的这一举动，从侧面反映出秦国对齐国的忌惮，也凸显了齐国在当时的国际地位和影响力。

在秦王政即位之前，秦国的历代君主对齐国都采取了非常谨慎的态度。他们通过各种手段向齐国表示友好，实施了一系列的拉拢策略，目的是稳定齐国，避免轻易使用武力。这种政策既显示出秦国对齐国的重视，又反映了当时国与国关系的复杂性。

秦王政亲自掌权后，进一步加强了对齐国的稳定工作，希望在错综复杂的国际环境中巩固秦国的地位。

根据《史记·田敬仲完世家》的详细记载，我们可以了解到这一时期的历史细节。"始，君王后贤，事秦谨，与诸侯信，齐亦东边海上。秦日夜攻三晋、燕、楚，五国各自救于秦，以故王建立四十馀年不受兵。君王后死，后胜相齐，多受秦间金，多使宾客入秦，秦又多予金，客皆为反间，劝王去从朝秦，不修攻战之备，不助五国攻秦，秦以故得灭五国。五国已亡，秦兵卒入临淄，民莫敢格者。王建遂降，迁于共。故齐人怨王建不早与诸侯合从攻秦，听奸臣宾客以亡其国，歌之曰：'松耶柏耶？住建共者客耶？'疾建用客之不详也。"

最初，齐国的君王后以贤明和德行著称，对秦国持谨慎而尊敬的态度，与其他国家保持信誉，确保了齐国在东方沿海地区的和平。当时,秦国正在不断攻击三晋、燕、楚等国,而这些国家各自为战,努力抵御秦国的侵略。正是由于君王后的明智治理,齐国在长达四十多年的时间里没有遭受战争的破坏。

然而,君王后去世后,情况发生剧变。后胜成为齐国的宰相,他被秦国用重金收买,成为秦国的内线。后胜经常在齐王建面前建议,主张秦国与齐国建立长期的友好关系。他承诺,只要齐国不干涉秦国的军事行动,秦国就能保证齐国的安全,并带领齐国共同发展,创造辉煌。

齐王建,这位追求和平与宁静生活的君主,在治理国家时展现出了一种特别的治国哲学。他选择放弃加强军队训练和边防建设,对于其他国家的覆灭,他采取了一种冷漠的态度。

在齐王建的眼中,让民众享受和平生活才是君主的最高使命。因此,当其他国家的人民饱受战乱之苦时,齐国的民众却能享受一个相对和平繁荣的时代。

可惜的是,齐王建的和平主义却忽视了一个至关重要的问题,那就是齐国所处的国际局势。在当时的历史背景下,秦国正在不断吞并其他国家,手段冷酷无情。尽管齐国名义上还存在,实际上已经陷入了孤立无援的境地。

对于其他国家的求援,齐国充耳不闻;对于那些逃到齐国的难民,除了一些富有的王室成员外,普通百姓都被齐王建下令用武器驱逐,禁止他们进入城市。这种短视的政策,并没有为齐国带来持久的和平,反而加快了其走向灭亡的速度。

第十三章 功成身退——王翦为秦王的最后谋划

与此同时,秦国通过一系列的军事征服,不断扩大自己的领土。而齐国却还在幻想通过短暂的和平时期来吸引富有的难民,从而获得暴利。当韩国、赵国灭亡时,齐国在和平的假象中无动于衷;燕国、魏国灭亡时,齐国依然沉浸在和平的幻想中;楚国灭亡时,齐国仍然没有警醒,继续在和平的假象中自我陶醉。

面对这样的危机,齐国的大臣们纷纷向齐王建提出建议,恳切地劝告他:即使是强大的楚国也被秦国所灭,齐国的未来已经非常危险。如果继续采取不闻不问的态度,将会把齐国推向灭亡的边缘。

在听取了臣子们的劝谏后,齐王建觉得他们的话很有道理,于是他转向宰相后胜以求证实。后胜这个因接受了秦国大量贿赂而立场有偏的权臣,自然对齐王建进行了一番安慰。他轻描淡写地声称,那些流传的关于秦国想要消灭齐国的谣言都是无中生有,秦国对齐国一直持有友好的态度,绝对没有侵略的意图,并劝说齐王建不必过于忧虑。

然而,后胜的话并没有完全打消齐王建心中的疑虑。正当他感到不安时,另一位大臣请求觐见,带来了更加紧迫的警告:"大王,秦国已经连续吞并了五个国家,我们齐国现在孤立无援,这不是一个好兆头。我们必须立刻采取行动,以对抗秦国的威胁。"

齐王建听后,急忙询问有何对策。大臣回答说:"韩国、赵国、魏国的旧部因为不满秦王政的统治，已经纷纷逃到我们齐国。我们齐国虽然兵力不强，但如果能够整合这些逃亡者，提供兵力帮助他们收复失地，他们必将成为我们齐国的强有力盟友，共同抵抗秦国。"

大臣的话还没说完，后胜就急忙打断他，说道："大王，这个人说的话太荒谬了，简直是疯了。我们齐国哪里有百万大军？即便有，也不能轻易借给那些失败者。如果他们联合起来，反而对我们齐国构成威胁，那不是自找麻烦吗？"

齐王建本来就心烦意乱，再加上这位大臣的突然介入，更是让他感到烦躁。于是，他愤怒地下令将这位大臣处死。之后，他转向后胜，询问道："我们是否应该警惕秦国？"

后胜自信地回答说："大王完全不需要担心秦国。倒是那些亡国的余党，留在齐国只会成为隐患。我们应该将他们全部驱逐出去，以消除未来的隐患。"在后胜的宽慰下，齐王建心中的警惕心完全消失了，他重新投入到了无忧无虑的日常生活中，对外界的动荡变化毫无察觉。

而此时，秦王政正在和王贲秘密策划如何攻打齐国。王贲认为，与攻打楚国相比，征服齐国将会容易得多。秦王政随即提醒王贲，不要因为轻视敌人而重蹈之前攻打楚国时的覆辙，直接与齐国正面冲突只会增加秦国的损失。因此，他们需要制定一个周密的计划。

王贲向秦王政透露，他已经想出了一个精妙的作战方案。

第十三章 功成身退——王翦为秦王的最后谋划

但实际上,这个方案并没有特别神秘,在当时的形势下,任何有经验的军事家都能大致猜到其内容。王贲的作战计划是这样的:首先在齐国的西部边境集结重兵,以此吸引齐国那支已经衰弱的主力军队。这样,王贲就有机会秘密带领一支精兵,对齐国的北部进行突袭,然后顺势向齐国首都临淄(今山东淄博)进军。

随着攻占齐国的行动悄然展开,齐国竟然非常配合地落入了王贲精心布置的陷阱中,一切都似乎在按照王贲的计划进行。

秦王政二十六年(齐王建四十四年,前221),历史的巨轮不断前进,齐王建发布了一道紧急命令,要求他的主力军队迅速在西部边境集结,以抵御那如狼似虎的秦军进犯。岂料,这一举动却正好落入了王贲的计谋之中。他敏锐地捕捉到了这一战机,当齐国的主力军队匆忙向西行进时,王贲率领秦军从原燕国南部迅速南下,直扑齐国的首都临淄。

此时的齐军,战斗力已经非常薄弱,士气更是低落至极。面对秦军这突如其来的北方攻势,他们完全措手不及,陷入了一片慌乱之中。秦军所向披靡,凡是所经之处的齐国城池,无不望风而降,连齐国首都临淄也未能逃脱这一命运。令人惊愕的是,秦军攻入临淄的过程竟异常顺利,沿途几乎未遇到任何抵抗,这在整个战争史上也是极为罕见的。

在这种情况下,齐王建只能无奈地乘坐一辆简陋的牛车,缓缓地驶出临淄城门,向王贲投降。这个消息很快传到了秦王政那里，他虽然感到高兴，但并没有表现出太多的惊讶。因为在他看来，齐国的投降早已是意料之中的事情，只是他没想到这一切会来得这么快，以至于他都没有机会与敌人进行一场智力和勇气的较量，这让他感到有些遗憾。

投降后的齐王建，仍然对秦国和未来抱有美好的幻想。他天真地认为，即使自己投降了，秦王政也会善待他，至少会赐给他一个小城池，让他能够安享晚年。毕竟，在过去的几十年里，齐国与秦国一直保持着深厚的友谊，而他也一直坚守着不干涉秦国吞并其他国家的原则。历史证明，现实的残酷远远超出了齐王建的想象。

齐王建对自己的权力和影响力有着过于乐观的评估。秦王政之所以决定消灭齐国，其根本目的是要实现全国的统一，打破旧有的封建割据，这一宏伟目标远远超越了个人之间的友谊。因此，齐王建那些美好的期望最终只能成为空想，他被流放到一个无人知晓的森林深处，从此在历史的长河中消失无踪。

随着齐王建的被俘，齐国也正式宣布灭亡。秦王政在齐国的领土上设立了齐郡和琅琊郡，标志着秦国对这片土地的正式统治。

在历史的长河中，那些走向灭亡的国家往往遵循着一种令人惊讶的相似模式：它们通常都有一个无能的君主，以及一些在内部制造混乱的大臣。

自太公望姜子牙封国建邦以来，齐国一度非常富有，军事

第十三章 功成身退——王翦为秦王的最后谋划

力量强大。到了齐桓公时期,齐国更是崛起为东方的强国,通过"尊王攘夷"的策略成为春秋五霸之首。不承想,到了齐康公时期,由于君主沉溺于酒色和荒淫无度,大夫田和趁机将齐康公放逐,自立为国君,开启了田齐的序幕。

周安王十六年(前386),田和被周王正式封为诸侯,这标志着姜齐被田齐所取代,这一历史事件即著名的"田氏代齐"。

田和正式称侯后,继续使用齐国的名称,但此时已被称为"田齐",并逐渐成为战国七雄之一。到了齐湣王时期,齐国更是扩张领土,南吞宋国,西抗强秦,展现出了强大的实力。然而,到了齐王建时期,齐国不仅没有继续发展和壮大,反而实力急剧下降,最终走向了灭亡。这一历程不仅令人唏嘘不已,也为我们提供了深刻的历史教训。

如前所述,齐国曾拥有过一段漫长的辉煌时期,但是它最终走向了灭亡的悲剧,这与齐王建的统治方式有着直接的联系。

自从齐王建登基以来,他一直在享受着前代君主为齐国打下的坚实基础,这让他逐渐形成了一种满足于现状、不求进取的心态。作为一个国家的领导者,他没有预见到潜在的危险,这种态度实际上已经为齐国的未来蒙上了阴影。

更加严重的是,齐王建在选拔和任用人才方面犯了重大错误。他在任命官员时,没有进行严格的品德审查,缺乏一个明智君主应有的独立判断力。而且,他很容易受到周围人的影响,随波逐流。正如古人所说:"君之所以明者,兼听也;其所以暗者，偏信也。"齐王建的偏听偏信使他无法做出明智的决策，最终导致齐国的灭亡。

齐国的覆灭，不仅仅是一个国家的结束，也标志着秦王政完成了统一六国的大业。这一历史事件再次凸显出明智君主与昏庸君主、正确用人与错误用人对国家命运的决定性影响。齐王建的统治方式和用人失误，是导致齐国灭亡的重要原因之一，也为后人提供了深刻的教训。

回顾历史长河，自秦王政十七年（前230）秦将内史腾攻下韩国以来，秦王政经过近十年的艰苦斗争，终于完成了秦国历代先祖所渴望的伟业——统一六国。

在这场宏大的统一战争中，王翦及其子王贲的军事成就尤为突出，除了对韩国的征服他们未参与外，其他五国的覆灭都在他们的英勇征战下实现。秦王政对此感到非常满意，不仅对王翦父子给予重赏，还对蒙武、蒙恬、李信等功臣进行了丰厚的奖赏。

在军队胜利归来后，王翦父子相继以"年事已高""天下已无战事"为由，坚决辞去了他们的官职，选择退隐乡间。尽管秦王政极力想要留住他们，但两人去意已决，秦王政只得让他们离开。随着这两位将领的退休，秦王政开始将注意力转向国内事务，因为还有很多重要的事情需要他去处理。

首先，他需要确定国家的名称。这一点实际上已经没有悬念，因为秦国的祖先已经为他做出了选择——"秦"无疑是最

第十三章 功成身退——王翦为秦王的最后谋划

合适的国名。

其次,他需要确定自己的尊号。秦王政在统一六国之前已经是"秦王"。现在,既然已经完成了统一的大业,他自然希望自己的尊号能够提升,于是"帝"成为了他的新选择。但是,秦王政并不满足于仅仅被称为"帝",他认为自己是历史上的伟人,不应该与齐湣王等普通君主相提并论。因此,他命令李斯等人重新策划一个更加尊贵的称号。

经过一番深思熟虑,他们最终为秦王政设计了一个名为"皇帝"的尊号。其中,"皇"字意味着秦王政的成就可以追溯到远古的"三皇"——天皇、地皇、泰皇(即人皇);而"帝"字则表示他与历史上的"五帝"——黄帝、颛顼、帝喾、唐尧、虞舜并列。这个尊号的确立,不仅彰显出秦王政的辉煌成就和崇高地位,也为后来的帝王树立了典范。

当这个融合了古代三皇五帝元素的尊号被提出时,秦王政找不到任何拒绝的理由。因此,他高兴地接受了这个尊号,自封为"皇帝",并首次使用了"朕"这个称呼,以显示他至高无上的地位。他也被尊称为"始皇帝",意味着他是古往今来的第一位皇帝,这个称号也巧妙地避免了他去世后可能被随意赋予的谥号。

为了进一步巩固其皇权的象征,秦王政将之前在征服赵国时获得的"和氏璧"重新雕刻,制成了一枚光彩夺目的玉玺。在这枚玉玺上,李斯用篆书精心书写了"受命于天,既寿永昌"八个字，经过工匠的精心雕刻，这枚玉玺成为了皇权的最高象征。

与玉玺相对的是，其他官员所持有的印章被称为"章"或"印"。从那时起，"九鼎"作为权力象征的地位被玉玺所取代。任何盖有玉玺的文件，都被视为不可更改的"制书"或"诏书"，正所谓"天子一言，重于九鼎"。

始皇帝二十六年（前221），秦王政正式登基称帝，他凭借玉玺赋予的至高无上的权力，颁布法令规定他的继任者将被称为"二世""三世"……一直到"万世"。这一年也被庄严地定为"始皇帝"元年，标志着一个新时代的开始。

秦始皇随后采取的关键措施是建立官僚体系。尽管秦始皇具有非凡的才能，但面对辽阔的华夏大地，单靠他一人是无法全面管理的。因此，在处理个人事务之余，他还需要为臣子们分配官职，以确保国家的顺利运作。

回顾周朝时期，由于各国的领土相对较小，只需在地方设立太守和将军，在中央则有"一相国"和"六大夫"等职位，就足以处理政务。然而，随着秦国统一六国，其领土大幅扩张，国家事务也变得更加复杂，旧有的官僚体系已不再适应新的情况。

因此，在李斯的精心设计和秦始皇的批准下，秦国开始实施全新的"三公九卿"体系。"三公"指的是丞相、御史大夫和太尉这三个重要职位。丞相作为所有官员的领袖，负责处理国家的所有政务；御史大夫主要负责文化事务；太尉则负责军事事务。而"九卿"则是次一级的官员，他们分别负责祭祀、警

第十三章 功成身退——王翦为秦王的最后谋划

卫、法律、税收等关键领域。

这一体系主要适用于中央政府,也就是我们通常所说的"京官"。

对于地方治理,秦始皇废除了分封制,转而推行郡县制。从此,天下不再由诸侯割据,而是由郡守和县令来管理地方。郡守,顾名思义,是一郡的最高行政长官。在秦国统一之初,全国被划分为36个大郡,如颍川郡、东郡、邯郸郡等。郡守负责全面管理郡内的事务。在郡守之下,设立了县令,将一个大郡进一步划分为若干小县,县令则是该县的最高行政长官。在县令之下,还有乡长、亭长等职位,他们负责日常的基层工作,协助郡守和县令管理郡内的各项事务。

这一体系主要适用于地方政府,也就是我们通常所说的"地方官"。

通过这一系列的官僚体系改革,秦始皇成功地建立了一个高效、有序的行政管理体系,为秦国的繁荣和稳定打下了坚实的基础。

通过如此精细的分配,中央官员和地方官员的体系得以完善,而废除封建制度的决策,标志着秦国在实质上完成了"天下土地皆归王所有"的历史性转变。

李斯经过多年的努力,终于构建了一套完整的大秦管理体系,其成就确实值得称赞。但是,李斯的努力并没有得到所有人的理解和支持。许多官员,尤其是那些来自被征服的六国的旧臣，对这一改革表示强烈的反对。他们纷纷向秦始皇上书，抗议道："封建制度是古老的传统，怎能轻易废除？如果废除了这一制度，那么诸侯和各国将不复存在，我们这些熟读经典、游历各国的学者，又将如何立足？"

面对这些官员的上书，秦始皇也感到困惑和压力，难以做出决定。因此，他决定让李斯与这些官员在朝堂上进行公开辩论，以明确是非。

李斯自信地站出来，他逻辑清晰地阐述了自己的观点："虽然封建制度是古老的传统，但它已经不再适合当前的形势。如果恢复这一制度，秦国多年的征战成果将付诸东流。百年之后，必然会再次出现各国之间的战争，而秦国可能会成为下一个衰败的周王朝。只有实施郡县制，将广阔的土地集中在始皇帝一人手中，才能确保秦国不会重蹈覆辙，保持长久的繁荣。"李斯的辩论言辞着实铿锵有力。

当李斯发表了他的观点后，秦始皇立刻向那些持反对意见的人表明了自己的立场：不需要再讨论，郡县制必须继续实施。但是，反对者们并不打算就此放弃，他们纷纷站出来，争辩说："不管怎样，不遵循祖先的法则就是极大的不敬。"

面对这些坚持己见的反对者，秦始皇面色严肃，沉默不语。李斯明白秦始皇已经下定决心，于是坚定地表示："这些反对者都是些守旧的人。陛下作为国家的统治者，完全有权力强制执行新的制度。"

第十三章 功成身退——王翦为秦王的最后谋划

为了彻底结束这场争议，李斯提出了更加严格的措施：除了医学、农业和占卜的书籍外，所有不符合秦朝法律的书籍都将被焚毁。同时，那些不服从命令、批评时政以及未能及时上交藏书的人，都将受到严厉的处罚。

在这场激烈的变革中，郡县制作为国家的基本政策被牢固地确立下来。在此期间，秦始皇展现出极大的活力，他不仅大力推广统一文字、统一度量衡、统一车轨，还统一了货币和度量衡制度，这些措施极大地减少了不同地区之间的文化差异，为"中华民族"的形成打下了坚实的基础。

这些成就无疑将秦始皇的文治武功推向了一个新的高度。

然而，正所谓"人无完人"。与此同时，秦始皇也做出了一些其他决策，这些决策的初衷可能是好的，也可能是坏的，我们已经不得而知，但结果明显：它们直接导致了他辛苦建立的秦朝的灭亡。

首先，让我们聚焦于秦国的南征行动。

秦始皇统一天下后不久，秦国派遣大将屠睢率领五十万大军，浩浩荡荡地南下征讨岭南地区（今广东、广西一带）。但是，由于不熟悉当地的地形和气候，屠睢不幸被当地人的毒箭射中，最终毒发身亡，而五十万大军也因粮草供应不足，陷入困境，几乎全军覆没。

这一消息传回咸阳后，全国上下沉浸在悲痛之中，秦始皇更是震怒不已。为了挽回败局，他下令任嚣与赵佗再次率领数十万大军南下征讨，并投入大量人力从北向南开凿灵渠，以确保粮草军需的充足供应。经过艰苦卓绝的战斗和不懈努力，秦国终于陆续平定了岭南各处，并在此地设立了南海郡、桂林郡、象郡等郡县，将岭南地区纳入了中央王朝的管辖范围。虽然这一行动具有重要的战略意义，但也使秦国损失了数十万兵马，国力受到了严重消耗。

接下来，我们再将目光转向秦国的北伐行动。

始皇帝三十三年（前214），秦国刚刚结束对岭南的大征行动，北方的匈奴便蠢蠢欲动。此前，秦国在攻下赵、代后，已在北地的雁门、代郡等处驻扎了大军，防备严密。然而，匈奴却选择攻击河套地区，即今天的宁夏北部和内蒙古南部的黄河弯曲地带。面对匈奴的挑衅，秦始皇决定采取行动，随即下令蒙恬率领三十万秦国步骑大军北上抗击匈奴。

匈奴的单于头曼率领十多万骑兵与蒙恬的军队对抗。蒙恬作为将门虎子，与王贲、李信齐名的一代名将，其军事才能远非屠睢、赵佗等人可比；而他所率领的三十万秦军，更是最精锐的横扫六合之师，岂会惧怕与匈奴人的硬碰硬？在一场激烈的战斗之后，蒙恬精妙地运用了李牧的"步、骑、弩"结合战法，成功地击败了匈奴。匈奴骑兵在败退后，秦国于河套一带设立了九原郡，进一步巩固了北方的边防。

蒙恬在战场上取得了辉煌的胜利，成功地消除了匈奴的威胁。然而，秦国的百姓却感到疲惫和无奈。在秦国统一六国之

第十三章 功成身退——王翦为秦王的最后谋划

后,他们原本期待的和平并未到来,反而目睹了战争的规模不断扩大。尽管如此,秦始皇对此感到非常高兴。他心中暗自得意:你们这些普通人,怎能理解我的宏伟计划?征服这片土地,只是我大秦长治久安的第一步,接下来还有更加宏伟的蓝图等待实现。

于是,秦始皇开始实施他的两大战略计划:修建长城和开辟驰道。

在战国时期,秦、赵、燕等国为了防御北方游牧民族的侵扰,已经在边境修建了长城。现在,秦国占领了河套地区,其北部边界已经延伸到沙漠深处。因此,秦始皇命令蒙恬率领军队和民众加固长城,将秦、赵、燕三国之前修建的长城连接起来,形成一道坚固的防线。

这样一来,日后匈奴再次入侵,即便未来的后代不够强大,只需要派遣数十万士兵守卫长城,就能保证国家的安全。

解决了北方的威胁后,秦始皇又将注意力转向了中原地区。虽然六国已经被消灭,但仍有许多前朝的官员心怀不满,想要恢复他们的国家。为了巩固统治,秦始皇在修建长城的同时,还下令在全国范围内开辟九条宽阔的驰道,每条驰道宽度达到50步(约60米),以便在各地发生动乱时,秦国能够迅速派遣精锐骑兵前往平息叛乱。

此外,秦始皇还下令拆除东方各地的城池,收集全国的武器,并将它们铸成十二座铜人。这样,中原地区也得到了稳定。

即使有人想要造反，也会因为缺乏武器和城防而难以成功；同时，秦军可以利用驰道调动兵力，迅速平息任何叛乱。

随着匈奴的北退和长城、驰道的建成，秦始皇看着坚如磐石的大秦，内心却突然感到一种莫名的失落。他深知大秦的强盛固然是好事，但他自己终究难逃一死，生命终结后这一切究竟有什么意义呢？

正当秦始皇陷入迷茫时，一些投机取巧的人开始揣摩他的心思，趁机谋取私利。他们试图通过迎合秦始皇的意愿来获得权力和利益，从而为秦国的未来埋下了隐患。

接下来，我们来简略探讨一下秦始皇对于长生不老的追求。

当时，有两名术士，侯生和卢生，他们向秦始皇提出了一个计划，声称只要投入巨额资金，前往东海的仙岛，就能获得长生不老的仙药，确保皇帝能够永远统治。对于需要花费巨资，秦始皇并不吝啬，但关键在于这个计划是否真实可行。

谁知，这两位术士巧舌如簧，轻易说服了渴望长生不老的秦始皇，从国库中领取了大量资金后，却逃之夭夭。

秦始皇得知这一骗局后非常愤怒，但是未能抓到这两名术士，他只能将怒气发泄到其他术士身上。不管他们是否真的懂得炼制仙药，都被定为被坑杀的对象。结果，许多术士自然难逃一劫，许多儒生和道家弟子也因此受到牵连。这就是历史上著名的"坑儒"事件。

此时，秦始皇已至中年，经历了无数的冒险和辉煌。按理

第十三章 功成身退——王翦为秦王的最后谋划

说，他应该到了休息的时候。然而，对于这位仍然雄心勃勃的皇帝来说，他的征途还远远没有结束。他怎能就此退居宫中，安享晚年呢？

于是，他又开始了下一项重大的行动，封禅泰山。

所谓"封禅"，原本是祭天拜地的仪式，虽然庄重，但并非大事。但是，在秦始皇这里，封禅泰山却变成了一件大事。在秦始皇之前，商、周两朝的君主对此较为注重仪式的内容，而非形式。

而秦始皇却与众不同，他既注重仪式的内容，又注重形式。他选择在"天下第一山"——泰山进行"祭天"，此即为"封"；又选择在泰山旁的小山梁父进行"拜地"，此即为"禅"。这一举动，表现出秦始皇对天地神灵的敬畏之心。

之后，秦始皇便开始巡游天下。

自始皇帝二十六年（前221）秦国统一六国以来，秦始皇就开始了他的"巡游天下"之旅，直到他在沙丘病逝。接下来，让我们简要回顾一下秦始皇的巡游历程。

首次巡游：始皇帝二十七年（前220），即秦始皇称帝的第二年，他带领大军巡视秦国本土，包括关中和陇西地区。

第二次巡游：始皇帝二十八年（前219），秦始皇带领大军前往东海寻找仙人。在此期间，一个名叫徐福的术士带领童男女数千人入海求仙人，但最终失去了联系。据说，他们在日本定居了。

第三次巡游：始皇帝二十九年（前218），秦始皇从东方返回，途中遭遇了刺客的袭击。当皇帝的车队行至博狼沙（即"博浪沙"，今河南原阳县东南）时，一名壮士突然出现在高处，用重达百余斤的大铁锤投向皇帝的车队。幸运的是，铁锤击中的是后面的副车。秦始皇在惊怒之下，下令在全国范围内进行十余日的大规模搜捕，但最终也没有抓到刺客。

第四次巡游：始皇帝三十二年（前215），秦始皇休息了3年，再次出发。这次，他采取了更谨慎的措施，不仅增加了护卫的规模，还特意选择4匹马拉的马车以降低自己的辨识度——根据秦朝的法律，只有皇帝才能乘坐6匹马拉的马车。与此同时，秦始皇命令蒙恬将军发兵三十万北上，与匈奴进行了激烈的战斗。因此，秦始皇这次巡游的主要目的是检查北方的防御工事。

第五次巡游：始皇帝三十七年（前210），这是秦始皇的最后一次东巡。他沿着楚国的路线向东行进，走过漫长的距离，直到吴地，然后转向北进入赵国。然而，就在这次巡游中，秦始皇突然病重，病情迅速恶化，最终在赵国的沙丘（今河北广宗）去世。

秦始皇的去世标志着一个时代的结束，随后他的儿子胡亥继位，被称为秦二世。但是，仅仅一年的时间，整个国家就陷入了混乱。

第十四章 风起云涌——秦二世时期的动荡

秦二世的即位，标志着大秦进入了一个充满噩梦的时期。他追求的不仅是臣民和官僚的绝对服从，更是企图将整个国家纳入他强硬的控制之下，以实现他对皇权无尽的渴望和对享乐的极致追求。

为了巩固他来之不易的皇位，满足他无边的欲望，秦二世甚至不惜对自己的亲人下手，而赵高，这个历史上的奸臣，就成了他手中那把锋利的刀。

在秦二世看来，人生短暂，转瞬即逝，既然已经统治了天下，自然应该尽其所能，享受世间所有的快乐。当然，如果在这个基础上能够实现国家的长久安定、百姓的安宁生活，那无疑是为他帝王的生涯增添了浓重的一笔，使他的权力更加强大，更加无人能敌。

于是，秦二世向赵高提出了这个宏伟的愿景，寻求建议。

赵高在稍微思考后，用一种既奉承又隐含警告的语气回答道："这样的宏伟蓝图，对于一个明智的君主来说，自然是理所当然的；但如果遇到一个昏庸的君主，那就不过是空想。臣冒昧直言，陛下还需要有所克制。毕竟，'沙丘之变'虽然已经结

第十四章　风起云涌——秦二世时期的动荡

束,但许多皇子和大臣心中仍然存有疑虑。陛下刚刚登基,根基尚未稳固,如果此时有人趁机作乱,恐怕对我们不利。"

这番话让秦二世感到不安,他的皇位还没有坐稳,怎能轻易放手?然而,对于赵高这样的阴谋家来说,解决这类问题不过是他权谋游戏中的一个小环节,他对此游刃有余。

赵高在巧妙地平息秦二世的不安的同时,也在暗中策划,提出了一个极其狠毒的计策:"我认为,我们应该实施更加严厉的法律,对那些犯罪的人及其家族,都要处以最严厉的刑罚,甚至灭族,以此来警示他人。首先,我们应该清除在朝中任职的皇子,然后肃清先帝留下的旧臣,转而任用陛下自己的亲信。这样既能消除潜在的威胁,杜绝奸臣,又能让大臣们感激陛下的恩德,真心服从。从此,陛下就可以高枕无忧,享受世间的快乐。"

谁承想,这个阴险的建议意外地得到了秦二世的欣赏。

秦二世对赵高的计策非常赞赏,于是立刻下令对法律进行大幅度修改。在此以前,秦二世已经通过伪造的诏书,残忍地杀害了自己的长兄公子扶苏。这位本应成为国家支柱的胡亥的兄弟,却因为秦二世的私欲而无辜丧命。而秦二世不但没有后悔,反而认为扶苏的死是理所当然。如果扶苏不死,他怎能登上这至高无上的皇位?秦二世怎能容忍任何可能威胁到他地位的因素存在?

法律修订后,秦二世的行为变得更加无法无天,残忍至极,令人震惊。任何他主观认为是威胁的，无论真假，都难逃他的毒手。《史记·李斯列传》中详细记录了这段历史：秦二世高兴地采纳了赵高的建议，对法律进行了全面修改。于是，大臣和皇子们一旦被定罪，就会被交给赵高审讯。大臣蒙毅等人被残忍杀害，12位皇子在咸阳街头被公开斩首，10位公主在杜县（今陕西西安市东南）被残忍处决，行刑的场景惨不忍睹，因牵连而受罚的人更是不计其数，整个朝廷陷入了一片恐怖和混乱之中。

在秦始皇的众多皇子中，公子将闾和他的兄弟三人表现得特别稳重，这让秦二世一时间难以找到合适的罪名来对他们下手，于是先将他们囚禁在宫中。等到其他兄弟被逐一杀害后，秦二世派使者向将闾宣布了无情的死刑判决："你们未能尽到臣子的职责，按律当斩。现在，行刑的官员已经到来，准备执行命令。"

面对这一不公正的指控，将闾坚决为自己辩护，对使者激昂地说："在宫廷礼仪方面，我始终遵循教导，不敢有半点疏忽；在朝廷的职位方面，我始终遵守礼节，从未失态；在执行命令方面，我更是谨慎言辞，从未妄言。我如何未能尽到臣子的职责？我请求明确我的罪名，然后再去死。"

使者无奈地表示："我不能与你争辩，只能按照命令行事，别无选择。"

意识到局势已无法挽回，将闾仰天长叹，悲痛地喊道："苍

第十四章 风起云涌——秦二世时期的动荡

天在上,我是无辜的!"三兄弟含泪相视,最终拔剑自刎。

此时,还有一位幸存者,即公子高。他目睹了兄弟姐妹们接连遭到毒手,知道自己也难以逃脱。虽然他曾考虑过逃跑,但又担心会给家族带来灾难。因此,他决定牺牲自己,以保护家人的安全。

公子高向秦二世上书,言辞恳切:"先帝在世时,每次我入宫,都会得到美食的赏赐;离开时,也会得到车马的赏赐。无论是华丽的衣服还是宝马,先帝都慷慨地赐予我。先帝对我如此恩重如山,我本应随他而去。现在,我请求陛下允许我将遗体埋葬在骊山脚下,以尽孝道。"

秦二世读完信后,面露喜色,得意地将信展示给赵高,夸耀自己的权威。看到公子高如此识时务,他便慷慨地赏赐10万钱,用于公子高的葬礼。在众多的兄弟姐妹中,公子高是唯一一个能够保持名声,以较为体面的方式离世的皇子。

令人瞠目的是,秦始皇的众多子女竟然几乎全部遭到了秦二世的毒手,这种大规模的杀害亲人的行为,其残忍程度在中国历史上是极为罕见的。

秦二世可能是中国历史上唯一一个犯下如此滔天罪行的君主。

在对兄弟姐妹进行了残酷的清洗之后,秦二世又将目标转向了那些敢于违抗他意志的文武官员。其中,蒙氏兄弟成为了首要的打击对象。此时,蒙毅已经完成了秦始皇交给他的向山川神灵祈祷的重任，正准备返回咸阳。然而，当得知秦始皇去世、新皇帝即位的消息时，他感到非常震惊，同时也敏锐地感觉到了一种迫在眉睫的危险。

起初，秦二世并没有把蒙氏兄弟当作威胁，反而打算继续重用他们。毕竟，蒙氏兄弟在战场上勇猛善战，经验丰富，功绩显赫。有他们保卫国家，秦二世就可以安心享受他的帝王生活，无需担忧。然而，赵高持有不同的看法，这对蒙氏兄弟的命运产生了重大影响。

赵高察觉到秦二世并没有真正想要除掉蒙氏兄弟的意图，心中开始感到焦虑。他清楚蒙氏兄弟的忠诚和正直，如果他们继续留在朝中，一旦得知赵高的种种不法行为，包括"扶苏之死"和伪造诏书的真相，他们绝不会就此罢休。到那时，赵高不仅会失去权位，甚至可能连性命都难以保住。幸运的是，秦二世目前对赵高非常信任，这为他提供了一个消除蒙氏兄弟威胁的良机。

于是，赵高精心设计了一番话术，急忙去见秦二世，表面上看似忠诚，实际上却暗藏杀机："我听说先帝在世时广泛招揽贤才，重用有能力的臣子，并且非常看重陛下的才能，有意将皇位传给陛下。但蒙毅明明知道陛下有才能，却阻碍先帝立您为太子，导致此事拖延至今。这种行为是对先帝的极大不敬，忠诚何在？"

秦二世对赵高的话信以为真，愤怒之下，立刻下令将蒙毅

第十四章　风起云涌——秦二世时期的动荡

囚禁在代郡（今河北蔚县）的牢狱之中，针对蒙氏兄弟的阴谋就此悄然展开。

子婴得知这一情况后，心急如焚，立刻去见秦二世，引用历史典故，以赵王迁误杀名将李牧导致国家灭亡、身败名裂的教训为例，恳切地劝告秦二世不要重蹈覆辙，不要杀害忠良而信任奸臣。他强调蒙氏兄弟是秦国的支柱，有着卓越的功绩，若无故加以杀害，必定会让朝中官员感到心寒，让外敌暗自窃喜，对国家和百姓都是极大的不利。

然而，秦二世对此却置若罔闻，对子婴的忠言并不采纳。他随即派出使者，迅速前往代郡，向蒙毅宣布了冷酷的命令："先帝原本打算立我为太子，你却多加阻挠，心怀不轨。考虑到你过去对国家的贡献，特许你自尽，以此来保全你家族的生命，这是我对你最大的恩惠，希望你好好考虑。"

这正是"欲加之罪，何患无辞"。使者明白秦二世的意图，无论蒙毅如何辩解，都无人愿意倾听。于是，蒙毅失去了最后辩解的机会，使者随即下令，这位一代忠良之臣，就这样在冤屈中被杀害，实在令人叹息不已。

蒙毅去世后，秦二世立即派遣使者前往关押蒙恬的地方，宣布他的罪名。根据秦国严格的连坐法，既然蒙毅已经犯了死罪，蒙恬也难以逃脱被牵连的命运。

听到那些表面上正当、实则荒谬的罪名，蒙恬感到极度悲痛和愤怒，叹息道："蒙氏家族自蒙骜起，经历蒙武，到我和蒙毅这一代，三代人都是秦国的将领，为秦朝立下了无数战功。没想到今天竟会落到这样的悲惨结局。"他清楚，这一切都是奸臣作乱、朝政腐败的结果，心中充满了难以言表的悲痛和愤怒。

虽然蒙恬不像扶苏那样盲目忠诚和孝顺，但在不敢辱没先人教导、不忘先主恩情的坚定信念影响下，他终究没有选择起兵反抗。在奸臣掌权的时代，他仍然关心秦国的命运，真诚地希望皇帝能为百姓着想，回归正途。

使者听着蒙恬那充满悲痛和真挚的话语，内心可能也有所动摇，但最终还是无奈地告诉蒙恬："我奉命对你执行刑罚，无法将你的真心话传达给皇上。"

蒙恬听后，深深地叹了口气，悲哀地说："我到底犯了什么天大的罪，要我这样无辜地死去？"他反复思考，试图找到一个让自己必须死的理由，最终得出的结论却非常荒谬：或许是因为他主持修建了万里长城，在修建过程中破坏了地理脉络。于是，他果断地服下了毒药，结束了自己悲壮的一生。

出身名将世家的蒙恬，在秦始皇即位的第二十六年开始了他的军事生涯。他带领秦军攻打齐国，以迅猛的攻势迅速击败了齐军，因此战功显赫，被秦始皇授予内史的要职。

秦国统一天下后，为了加强北部边疆的安全，秦始皇将重任交给蒙恬，让他率领三十万大军北上抗击戎狄，成功夺回了黄河以南的大片领土。随后，蒙恬负责建造闻名遐迩的万里长城，这项工程不仅是中国古代建筑的奇迹，也显示了他深邃的

第十四章　风起云涌——秦二世时期的动荡

军事策略。长城如龙盘大地，从西端的临洮延伸至东端的辽东，总长超过万里，精妙地利用地形地貌，构筑了众多防御工事，成为守护国家的重要防线。

蒙恬领军跨过黄河，向北推进，无论严寒酷暑，始终坚守在上郡十余年，他的威名远扬，令匈奴望风而逃，谱写了边疆的辉煌篇章。

蒙恬在边疆屡立战功的同时，他的兄弟蒙毅在朝中也扮演着举足轻重的角色。蒙毅凭借其过人的智慧和忠诚，逐步晋升至上卿，成为秦始皇身边的重要顾问。无论是陪同皇帝巡游还是参与朝政，蒙毅总是紧随秦始皇，同乘一车，回宫后则侍立于皇帝身边，其与皇帝的亲近程度非同一般。

蒙恬和蒙毅，一个主外一个主内，相互配合，共同成为秦朝政治舞台上的一道亮丽风景。

遗憾的是，这样忠诚的大将，却难逃被奸人所害的命运，悲矣！不知道九泉之下的王翦，如果得知他曾经竭尽全力征服的土地已经变得面目全非，他昔日的部下遭受如此种种的不幸命运，心中会有何等的感慨。

蒙氏兄弟的离世，在世间引起了无尽的遗憾和悲伤。在这出悲剧中，最为得意的人莫过于赵高，他的眼中钉终于被拔除。可笑的是，这并没有满足他日益膨胀的野心，他手中的权力在他看来仍然微不足道，他需要构建一个更加庞大的权力网络，以支撑他那阴险狡诈的内心世界。

在赵高的诱导下，秦二世对朝中的大臣进行了残酷的清洗。同时，赵高也没有闲着，他利用这个机会，将自己的亲信一一安排在朝廷的关键职位上。他的兄弟赵成被任命为中车府令，女婿则成为咸阳县令，这些人都担任要职，以赵高为核心的赵氏权力网络已经初具雏形。

中央政权官员的调整并没有让赵高的野心得到满足，他的触手又开始伸向地方官吏。就在这时，秦二世在宫中无所事事，便召赵高前来，心血来潮地说："朕年轻登基，即位不久，民心尚未完全归附。先帝曾巡视各郡县，以展示其强大，震慑四海。如果我整天待在深宫之中，恐怕百姓会认为我软弱无能，无法统治天下。"

秦二世深感自己年轻且初登皇位，需要像先帝那样巡视郡县，以彰显自己的威严与统治力。

赵高听到秦二世的话后，心中暗自高兴，认为这是一个天赐良机。于是，他再次提出了自己的"高见"，对胡亥说："陛下这次巡游各地，正好可以借此机会建立您的威望，将那些不听从您命令的官员全部除掉，这样才能确立您无上的权威。"

秦二世向来对赵高的话没有"免疫力"，这次也不例外，他认为这是一个极好的计划。因此，刚执政不久的秦二世便声势浩大地开始了东巡之旅，目的是展示自己统治天下的能力。同行的还有李斯。

秦二世元年（前209），秦二世模仿秦始皇，开始了巡视天

第十四章 风起云涌——秦二世时期的动荡

下的"宏伟行程"。他南至会稽（今浙江绍兴），北至碣石（今河北昌黎），最后从辽东（今辽宁辽阳）返回咸阳，巡游的范围之广，前所未有。

在巡游过程中，秦二世每到一处秦始皇在位时立下的石碑前，都会命令手下在石碑上刻字，目的是向大臣们展示自己的治国才能。然而，在大臣们看来，这些行为显得相当幼稚，只是一些表面文章。

秦二世在展示自己的威严的同时，并没有忘记清除异己的初衷。他不问青红皂白，连续下令处决与自己意见不合的官员，手段极其残忍，令人震惊。这一举动，让大臣们感到极度恐慌和迷茫，整个朝廷笼罩在一片恐怖的气氛之中。

与此同时，赵高也在忙于扩大自己的权力范围，他已经把秦二世看作自己权力扩张的有力工具。然而，他没有意识到自秦二世上台以来，他对生命的轻视、对亲人的残忍、对忠良的迫害，这一系列行为已经让秦国的百姓陷入了深深的恐慌之中，他们无时无刻不在担心自己的未来。朝廷中的文武官员也因此完全丧失了为官的道德准则，只为了保全自己的性命。

即便如此，秦二世仍然感到不满足，他追求的是随心所欲地享乐，是尽情地玩乐，是无节制地放纵。他渴望一生享受，不愿意为了国家、百姓牺牲自己的享乐时光。秦二世的这种想法，正好符合赵高的意愿，于是赵高更加肆无忌惮地讨好秦二世，让他独自享乐，而自己则趁机更加大胆地专权。

211

在赵高的支持下，尽管有些不安，秦二世还是决定将自己的想法付诸实践。于是，他召来了李斯，询问如何才能长久地享乐下去。他对李斯说："我曾听说韩非子说过，尧治理天下时，住的是茅草屋，吃的是野菜汤，冬天裹着鹿皮御寒，夏天穿着麻衣。而大禹治水时，劳累奔波，以至于大腿上的肉都掉了，小腿上的毛都磨光了，最后死在了异乡。如果帝王都要过这样的生活，那岂不是违背了当帝王的初衷？贫寒的生活可能是那些才能低下的人所希望的，而不是帝王贤者所追求的。既然已经拥有了天下，就应该用天下的资源来满足自己的欲望，这才是帝王的尊贵所在。人们所说的贤明之人，必定能够安定天下、治理万民，但如果连自己的利益都无法保证，又怎能谈得上治理天下呢？因此，我想要随心所欲，永远享受天下而不受祸害。你有什么建议吗？"

李斯听到秦二世的话后，意识到这是一个表明忠诚的关键时刻。他不能在赵高之后，否则可能会失去皇帝的宠爱，他目前的高官厚禄也将难以保持。因此，李斯非常谨慎和勤奋地撰写了一份奏书，向秦二世提出了一个主张独裁和以严酷法律治国的策略。

这份奏书的核心思想是提醒秦二世要紧紧抓住权力。他建议通过监督和惩罚来加强中央集权，镇压人民的反抗和非法行为，同时明确界定君主和臣民的职责。只有这样，才能确保天下的人，无论他们的才能和德行如何，都会尽其所能为君主服

第十四章　风起云涌——秦二世时期的动荡

务。

李斯的这一思想深刻反映了他对法律的看法。但是，随着秦朝的灭亡，这种法家思想也显示出了其历史局限性。

秦二世阅读了李斯的奏书后，感到非常满意。加上他觉得自己的皇位现在非常稳固，于是他开始追求自己的个人理想。他的伟大理想是享乐，他的目标是要比他的父亲过得更加奢侈和豪华。

因此，一度暂停建设的阿房宫又重新忙碌起来。秦二世决心要建成这座空前绝后的宏伟宫殿。在大规模重建阿房宫的同时，他又召集5万人进入咸阳，命令他们练习射箭。可笑的是，这支军队并不是为了防御敌人，而只是为了陪伴秦二世娱乐。这种行为，足见秦二世的奢侈无度。

由于咸阳地区人口众多，再加上皇宫里饲养了大量狗、马等动物，导致每天需要的粮食和饲料数量非常庞大。然而，城内的粮食和饲料储备远远不够，这给秦二世带来了一个难题。

不久，秦二世想出了一个办法，他下令从全国各地的郡县调运粮食和饲料，以解决眼前的危机。

但在古代，长途运输粮食的损耗非常大，因为运输人员每天也需要消耗不少粮食。这让秦二世感到不满。更过分的是，他竟然命令运输人员必须自带粮食，严禁他们食用咸阳周边300里内的粮食。即便这样，粮食的缺口依然很大，秦二世于是变本加厉地剥削百姓，加重了他们的负担。

沉重的赋税和日益严酷的法律，让秦国的百姓生活在极度困苦之中。"哪里有压迫，哪里就有反抗"，在这种重压之下，必定会有人站出来反抗。这人就是陈胜。他的出现，就像一场猛烈的风暴，严重冲击了秦朝的统治。

第十五章 民怨沸腾——压迫下的民众反抗

秦二世元年（前209），在被称为"大泽乡"的偏远乡村，一群手无寸铁的农民在秦朝政府的严酷统治下，勇敢地团结起来，掀起了一场反抗的风暴。而这场起义的领导者，就是陈胜。

在起义爆发之前，陈胜的生活经历可以说是平淡无奇。他出身于贫苦家庭，每天靠为人耕作来勉强维持生计。在那个时代，他处于社会的最底层，生活似乎没有任何希望，未来显得非常渺茫。

但是，人与人之间的不同，并不在于他们的出身，而在于他们的抱负。尽管陈胜身处逆境，但他的心中始终怀揣着对美好未来的向往。

一天，陈胜嘴里叼着一根稻草，坐在田边，凝视着远方，心中充满了无限的感慨和失落。过了一会儿，他转向身边的人说："如果有一天，我们中的任何一个人变得富有和尊贵，一定不要忘记了彼此。"

听到这话，大家都笑着回应他："你不过是个给人耕田的农夫，富贵怎么可能降临到你头上呢？"

陈胜看了一眼周围这些目光短浅的人，不禁叹了口气："燕

第十五章 民怨沸腾——压迫下的民众反抗

雀安知鸿鹄之志哉！"

在这些平凡无奇的人群中，陈胜就像一只被束缚的天鹅，内心的孤独和无助难以用言语表达。在他准备展翅飞翔之前，他的心中已经播下了远大志向的种子。

陈胜的传奇故事，便是在不起眼的大泽乡悄然开始的。

同年，秦朝政府征召里巷左侧的 900 名贫苦百姓前往渔阳戍边，他们途中停留在大泽乡，陈胜就是这支队伍中的一员。由于他办事稳重可靠，被负责押送的军官任命为屯长，与他一同担任屯长的还有后来成为他盟友的吴广。当他们到达大泽乡时，突然遭遇大雨，道路被雨水冲毁，无法继续前行。他们仔细计算了行军的时间，意识到已经无法按时到达指定的戍边地点。根据当时的法律，延误戍边是死罪，将被斩首。这使得所有人都感到焦虑和无助。

面对这种绝境，陈胜和吴广开始秘密商议："现在逃跑是死，起义也是死，既然都是死，为什么不冒险一试，或许还有机会赢得一线生机。"

陈胜的心中萌生了反抗的念头。尽管他出身卑微，但他有着远大的抱负，并且始终关注着国家大事，对当时的政治形势有着自己深刻的理解。秦国如此强大，仅凭他们这几百人，真的能够挑战整个秦王朝吗？

对此，陈胜却抱有坚定的信念。他对吴广说："天下百姓受秦朝压迫太久了。从秦始皇开始，秦朝政府就无休止地剥削人民，压榨他们的血汗，奴役所有的人民。这种压迫已经超出了秦朝人民所能忍受的极限。"

当人们被逼到绝路，生计无望时，反抗就成了他们唯一的选择。这种情况为起义军提供了坚实的民众支持基础，对抗秦朝的统治。

为了提高起义军的吸引力，并迅速赢得民众的支持，陈胜经过深思熟虑，认为应该利用公子扶苏和楚将项燕的名义来提升起义军的声望。尽管公子扶苏和项燕都已经去世，但他们的英雄事迹仍然在民间流传，甚至有人传言他们还活着。无论真相如何，利用他们的名号发动起义，无疑能事半功倍。

陈胜的这一精准分析和明智决策让吴广非常钦佩，他立刻决定支持陈胜。吴广是一个既聪明又勇敢的人，决定参与起义后，他就立马开始策划如何发动起义。但是，直接宣传起义会暴露行动，如果被军官发现，可能会有生命危险。

经过一番深思熟虑，吴广终于想出了一个计划。他决定利用超自然的力量来达到宣传的目的。在这方面，吴广可以说是开创了先例。在他之后的诸多农民起义中，许多人都效仿了他的做法，并且屡屡成功。

为了制造一种神秘的气氛，吴广先安排了一场看似超自然的现象。他在一个无人注意的时刻，将一块写有"陈胜王"三字的绸布巧妙地藏入一条鱼的肚子里。当大家聚在一起享用鱼宴时，他们意外地发现了这块绸布和上面的文字。立刻，所有人的目光都悄悄地转向陈胜，心中暗自猜想：这个人莫非是天命所归的领袖？就在大家低声讨论，充满疑惑的时候，更加奇异的事情发生了。

夜幕降临，远处传来了狐狸的叫声。但在这叫声中，似乎还夹杂着几句清晰的人类语言："大楚兴，陈胜王。"这突如其来的怪异现象让在场的每个人都感到不寒而栗，心中充满恐惧。到了第二天，人们开始交头接耳，对陈胜议论纷纷，越来越觉得他非同小可，好像他真的拥有某种超自然的力量。

实际上，这一切都是吴广精心策划的诡计。他利用人们的迷信心理，巧妙地制造这一连串的神秘事件。在这些神乎其神的操作之后，吴广认为时机已经成熟，于是开始实施他的下一步计划——消除起义的障碍，即负责押送的3名军官。

恰好其中一名军官喝得酩酊大醉，吴广便故意在他面前提出逃跑的想法。军官一听，立刻怒不可遏，拿起竹板就狠狠地打吴广。吴广作为戍卒的头领，平时待人和善，深受大家的喜爱。因此，当他被军官殴打时，周围的人都感到非常愤怒。吴广暗中观察众人的反应，继续挑衅军官。军官终于忍无可忍，拔出剑向吴广刺去。但吴广趁机夺过剑，迅速结束了军官的性命。另外两名军官见状，都惊呆了。他们万万没想到，竟然有人敢杀害他们的同伴。于是，他们纷纷拔剑向吴广冲去。这时，陈胜迅速反应，果断出手，也将另外两名军官一一解决。

这一幕让在场的所有人震惊，他们呆立在原地，仿佛时间在这一刻停滞了。陈胜则从容地站了出来,挥动着手臂,激昂地说道:"你们因为大雨而耽误了行程,按照秦律应当被处死。即使能够逃脱死刑,戍边的艰苦和死亡的风险依然很高。既然如此,壮士们,如果我们必须死,那就让我们死得其所,为了伟大的事业而战!那些王侯将相难道生来就高贵吗?"

"王侯将相宁有种乎"这响亮的口号,立刻激发了在场每个人的热情,他们长久以来被压抑的情感如同火山爆发一般。就这样,中国历史上著名的陈胜吴广起义,在这片激情澎湃中开始了。

谁能想到,这小小的火种最终会燃起燎原之火,将曾经不可一世的大秦吞没在火海之中。

陈胜具有一定的战略眼光,他自封为将军,任命吴广为都尉,以公子扶苏、项燕的名义,高举"大楚"的旗帜。他们的武器十分简陋,以木棍为枪,以竹竿为旗,带领着900人的起义军,首先攻下了大泽乡。然后,他们乘胜追击,又占领了蕲县。

大泽乡的起义之火迅速蔓延开来,百姓们早已厌倦了秦朝的暴政,对秦朝的统治充满憎恨。他们急切地希望有一支反抗秦朝的起义军出现,带领他们走向光明。陈胜的起义军成为了他们心中的希望。得人心者得天下,陈胜带领的起义军连续攻下了铚、酂、苦、柘、谯等地,势如破竹,无人能挡。

第十五章 民怨沸腾——压迫下的民众反抗

起义军的队伍像滚雪球一样迅速增长。当他们进攻到陈县时,陈胜的部队已经装备了六七百辆战车、一千多名骑兵,而士兵的数量更是达到了数万。这样一支庞大的起义军,其力量之强大,确实令人刮目相看。当时,陈县的郡守和县令都不在城中,只有郡丞留守并带领士兵在城门外与起义军进行了激烈的战斗。但郡丞最终因战败而死,起义军轻松地占领了陈县。

陈胜进入城内后,立刻召集了负责教化的三老和地方上的豪杰们开会商议。大家一致认为:陈胜的功劳足以称王。于是,在众人的支持下,陈胜正式宣布自己为王,建立了张楚政权。

陈胜、吴广发动农民起义的消息很快传到了咸阳。一封封紧急的奏书被迅速送到秦二世的手中。秦二世看着这些紧急的奏书,心中感到非常不快。他的愿望是享受人生,却被这些大臣用这些麻烦事打扰。在他看来,这只是一群农民的暴动,简直是自不量力,没有什么值得担心的。

为了恢复过去的宁静,秦二世随即下令逮捕那些带来坏消息的人。这样一来,谁还敢再说话呢?皇帝都不担心,其他人自然也就不敢表现出担忧了。

度过几天的悠闲时光,秦二世开始感到有些不习惯。他心中生出了一丝疑问:为什么最近没有听到关于东方叛乱的报告?

因此,他召集大臣们来询问情况。大臣们这时已经学会了如何巧妙地应对,他们闭口不谈真实情况,齐声回答说:"那只

221

是一些小规模的盗贼作乱，地方官员正在积极追捕，现在已经全部被捉拿，陛下不必忧虑。"听到这样的回答，秦二世心中大为宽慰，随即放心地继续追求他的享乐生活。然而，实际情况却是，秦国在东方的统治已经岌岌可危，接近崩溃的边缘。

与此同时，陈胜的起义军如同猛虎下山，他们攻占城池，战车滚滚向前，势不可当。让人意外的是，在这种大好形势下，陈胜却被胜利冲昏了头脑，做出了一个仓促的决定。他打算分兵五路，全面发起对秦朝的攻势，决心以迅雷不及掩耳的速度推翻秦朝的统治。

事实证明，这个决定是非常鲁莽的。陈胜起义的初期阶段进展得异常顺利，几乎没有遇到任何有力的抵抗。这也让陈胜对形势有了严重的误判，他错误地认为秦朝的政权已经脆弱到极点，轻易就能被推翻。

诚然，秦国的统治确实已如风中残烛，摇摇欲坠，其军事力量也看似不堪一击。但是，陈胜忽略了"瘦死的骆驼比马大"这一道理。要知道，距秦国统一六国才过去十几年，那支曾经让天下震惊、令人闻风丧胆的秦军仍然拥有强大的战斗力。

在陈胜起义之初，秦军之所以连连失利，实际上与秦军的部署有很大关系。秦始皇统一六国后，发动了南征百越和北击匈奴两大军事行动，秦国最精锐的部队被部署在北方边境，总计三十万大军，都是经验丰富的战士。此外，在遥远的岭南地区，也有相当数量的秦军驻扎。同时，为了保卫首都咸阳，秦军的主要力量也集中在秦国的本土,尤其是关中地区。

因此,秦国在东方的军事力量相对较弱。但是,秦始皇生前并不担心东方的叛乱,因为他知道秦国修建的发达的交通网络能够在最短的时间内将秦军调往东方平叛。

然而,秦二世却是一个昏庸无能、沉溺于享乐的君主。他本有机会迅速将精锐部队投入东方战场,却自欺欺人地沉迷于享乐之中。大臣们为了迎合他的喜好,不择手段地告诉他没有叛乱发生。既然没有叛乱,秦二世自然也就没有派兵镇压的必要。

因此,陈胜起义的成功和起义军的扩张,在很大程度上是偶然的。

遗憾的是,当局者往往被眼前的迷雾所迷惑。陈胜在胜利的喜悦中失去了自我,没有洞察到这一点。真正的较量还没有开始,陈胜已经像一匹脱缰的野马,难以控制,急切地想要与秦朝进行一场决战,因此做出了分兵五路、全面进攻的错误决策。这一激进的战略选择,最终成为了陈胜起义失败的导火索。

起义军的第一路,由吴广担任代理王,带领将领们向西攻打荥阳;第二路,以武臣为将领,张耳、陈余为助手,共同进攻赵地;第三路,由邓宗领导,目标是九江;第四路,周市领军,进攻魏地;第五路,则由周文领导,勇往直前,直攻关中。这五路起义军齐头并进,所向披靡。其中,武臣和周文两路军的战果尤为显著。

武臣与陈胜是老朋友，虽然能力一般，但他手下有两位杰出的人才——张耳和陈余。张耳和陈余都来自魏国，是坚定的反秦战士，曾被秦始皇悬赏通缉，张耳的赏金高达千金，陈余也有500金。为了躲避秦军的追捕，他们隐姓埋名，隐藏在陈县，直到陈胜起义军的到来，才终于有了施展才华的机会。在张耳、陈余的辅助下，武臣进攻赵地，势如破竹，连续攻下四十余城，队伍也从最初的千人迅速扩充到了数万人。

尽管武臣在战场上的表现已经相当出色，但与周文相比，还是稍显不足。

周文，也称周章，是一位精通军事策略、智慧过人的将领。他曾在春申君和项燕的指挥下作战，积累了大量的实战经验。陈胜起义之后，各地纷纷响应，起义军如雨后春笋般涌现，高举反抗秦朝的旗帜。周文依靠自己的卓越才能，沿途集结各地的起义军，迅速将起义队伍扩充到几十万人，并装备千辆战车。作为陈胜麾下少数几位具有杰出军事才能的将领之一，周文被陈胜授予将军之印，承担起攻击秦国核心地带——关中的任务。

周文带领起义军勇猛前进，经过一系列激战，最终成功地突破了函谷关，向关中地区进军。

这一消息对咸阳城来说如同晴天霹雳，引起了极大的震动。为何突破函谷关会让秦国如此震惊呢？因为自秦孝公以来，尽管东方的军队5次出征攻打秦国，却从未能越过函谷关。函谷关的坚固，绝非浪得虚名。然而，现在一个不太出名的周文，

第十五章　民怨沸腾——压迫下的民众反抗

却轻易地突破了这一天然屏障，足以表明形势的严重性。

秦国的大臣们已经无法隐瞒这个消息，他们不得不硬着头皮向秦二世报告。秦二世得知这一消息后，惊恐万分，一向缺乏决断力的他急忙召集大臣们开会，慌乱地询问："现在该怎么办？"作为一个国家的君主，他似乎除了享乐之外，对如何治理国家一无所知。

在秦国面临危机的时刻，仍有英勇的人才站出来。少府章邯就是这样一位在关键时刻能够挺身而出的将领。他根据形势判断，起义军人数众多且逼近首都，再加上咸阳的守军相对较少，而且从远处调兵增援已经来不及。因此，他提出了一个大胆的计划：组织骊山的劳改犯，赦免他们的罪行，将他们编入军队，以此增强秦军的战斗力。

当时，秦国的法律十分严酷，许多罪犯被送往骊山做苦工。这些劳工数量庞大，达到了数十万人，实际上是一股强大的潜在力量。章邯利用他卓越的组织才能，迅速将这些劳工与秦军的正规部队合并，组成了一支庞大的军队。在章邯的带领下，这支大军浩浩荡荡地向战场进发，决心击败起义军，保卫秦国的疆土。

与此同时，咸阳的秦军虽然在人数上不及起义军，但至少也有十万余人，且个个都是能征善战的勇士。在此之前，陈胜的起义军所遭遇的并非秦军的主力，因此能够连续取得胜利。然而，这次他们将面对的是真正令人畏惧、威名远扬的大秦雄师。

周文指挥的部队虽然人数众多，但真正接受过正规军事训练的士兵却非常少。大多数是未经训练的农民，与秦军的正规部队相比，他们更像是一群无组织的乌合之众。而在章邯的领导下，秦军英勇作战，以压倒性的优势击败了起义军。周文的部队在秦军的攻击下无法抵抗，最终不得不撤退。

在周文遭受挫败的同时，陈胜所建立的张楚政权也陷入了严重的内外危机之中，可以说是陷入了困境，面临着重重挑战。

陈胜无疑是一位具有巨大勇气和智慧的领袖。但是，即使是英雄，也有自己的软肋。在短短的几个月里，陈胜从默默无闻一跃成为权力的中心。他沉醉于胜利的甜蜜，对权力的渴求日益增长，逐渐失去自我，丧失了农民的朴实和纯真。

张楚政权内部的危机，起因是葛婴的悲剧。葛婴是大泽乡起义的关键人物，他才华出众，勇敢且明智。起义初期，陈胜派他带领部队向东扩张领土。葛婴表现出色，连续攻下了几座城池，战功显著。在占领东城后，由于通信不便，葛婴并不知道陈胜已经自立为王。为了彰显自己的成就，他自封为楚王。

然而，这一行为在陈胜眼中，被视为对自己的不忠。尽管葛婴在得知陈胜称王后立刻放弃了王位，但最终还是没能逃脱命运的安排，被愤怒的陈胜严厉处罚。葛婴的死并没有平息陈胜的怒气，反而让他的性格变得更加残酷。他天生多疑，对任何表现出不满的人都会无情地下令处决。革命尚未成功，陈胜

第十五章　民怨沸腾——压迫下的民众反抗

就这样滥杀有功之臣，这让人感到非常失望。

与此同时，正在领军攻打赵地的武臣，得知陈胜的暴行后，心中充满了忧虑和恐惧。他的谋士张耳和陈余建议他自立为王，以此来摆脱陈胜的控制。武臣认为这个计划可行，于是决定自立为"赵王"，与陈胜彻底决裂。

陈胜得知武臣自立为赵王的消息后，愤怒至极，打算杀光武臣的家人，并出兵攻打赵国以泄愤。好在当时的柱国房君及时劝阻了他。房君认为，在秦朝还未被推翻的情况下，起义军不应该自相残杀。他建议陈胜承认武臣的赵国，并让其领兵西进攻打秦朝。

在房君的劝说下，陈胜逐渐冷静下来，觉得房君的建议很有道理。于是，他派使者去邯郸，告诉武臣可以称王，但必须有所行动，并要求武臣发兵西进，攻击关中。陈胜这样做实际上是在利用武臣，希望他能率领部队与秦军主力作战，而自己则保留实力，坐享其成。

但是，武臣并不是容易被操控的人，不会轻易被陈胜摆布。他坚决拒绝西进的要求，并派部将韩广攻打秦军防守相对薄弱的燕地。韩广也是一个有野心的人，在占领燕地后，他顺势自立为燕王。这样，陈胜的计划完全落空，起义军内部的分裂和争斗也变得更加严重。

张楚政权虽然表面上已经分崩离析，但其内部的争斗和混乱远未平息。不久之后，陈胜派遣去攻打魏地的周市也自作主张，立前魏国的宁陵君魏咎为新的魏王。这一连串的事件表明陈胜的部下们开始各自为政，独立行动，而这种内部权力的斗争严重削弱了起义军的战斗力。

陈胜的张楚政权现在已是支离破碎。

当起义军的领袖们忙于争夺权力和利益时，战场的局势已经发生了根本性的变化。章邯带领主力部队击败了周文的西征军，并乘胜追击，一路势不可挡，直指渑池（今河南渑池）。咸阳城的危机迅速得到缓解，秦政府也趁机投入了更多的新鲜力量进入战场。这时，起义军才意识到他们一直低估了秦军的实力。他们原本以为秦军已经衰弱不堪，却没料到在秦军的军事力量面前，他们显得如此不堪一击。

在渑池的战斗中，章邯的军事才华得到了充分的发挥。在他的领导下，秦军大败张楚的军队，周文战败后选择自刎，此战对起义军来说无疑是一个沉重的打击。陈胜原本满怀信心，认为能在短短几个月内推翻秦朝，但现实的残酷让他清醒地意识到，真正的战斗才刚刚开始。

随着秦军的主力不断涌入关中，正在努力攻打荥阳的吴广感受到了前所未有的压力。作为张楚政权中的第二号人物，吴广的地位仅次于陈胜。然而，他的军事才能实在平庸，难以令人信服。吴广却自信满满，以代理王的身份督促将领们进攻荥阳。尽管长时间未能取得胜利，但这并没有减弱他的积极性，他继续展现出自信，甚至开始在军中作威作福。

第十五章 民怨沸腾——压迫下的民众反抗

荥阳的战斗已经持续了4个月,将领们对吴广的不满情绪日益高涨。他们普遍认为吴广傲慢自大,不懂军事,只会胡乱指挥。因此,他们决定发动兵变,推翻吴广。将军田臧与其他将领联手,声称接到了陈胜的命令,成功地除掉了吴广。这一事件无疑给起义军带来了更大的动荡和分裂。

田臧虽然勇敢地承担了指挥的职责,但他的军事才能并没有经过充分的磨炼,他的战术水平也无法与章邯这样的杰出将领相抗衡。在章邯的大军和荥阳守军的夹击下,田臧最终战败,壮烈牺牲在战场上。

章邯自从领军出征以来,就像战神一样,屡战屡胜,成为了起义军的真正噩梦。解除荥阳的围困后,章邯没有停止进攻,而是乘胜追击,直接攻击郯县(今山东郯城)。秦军的攻势势不可当,大败起义军将领邓说。邓说看到大势已去,只得趁机逃回陈县。然而,他在陈县并没有得到任何安慰,反而因为战败的罪名被陈胜处决。

到这时,陈胜派出的五路大军已经分崩离析,有的被击败,有的则自立为王。张楚政权此时已经岌岌可危,陈胜也陷入了孤立无援的境地。

秦军的士气正旺,攻势如潮。章邯再次领军攻打张楚将领伍徐的部队,直逼陈胜的大本营陈县。张楚的柱国房君亲自率军迎战,结果却令人叹息。起义军遭受重创,房君也壮烈牺牲。

为了提振士兵的士气,陈胜决定亲自出城督战。然而,他的出现并没有带来任何实质性的帮助。起义军无法抵挡秦军的猛烈攻势，将领张贺也在战斗中牺牲。就在这时，秦二世派遣的由长史司马欣、董翳领导的一支新军到达战场，为章邯提供了强有力的支持。有了这支新军的加入，章邯的力量更加强大，攻势也更加猛烈。

无奈之下，陈胜只得带领起义军撤退。他先后前往汝阴（今安徽阜阳）、下城父（今安徽涡阳东南）等地，试图寻找新的根据地。让陈胜没有预料到的是，下城父竟然成了他人生的终点。他的马车夫庄贾背叛了他，趁陈胜不备，残忍地将他杀害。之后，庄贾向秦军投降，以求赏赐。

陈胜吴广起义，就这样以悲剧告终。尽管这场起义失败了，但陈胜吴广点燃的革命火焰并没有熄灭。相反，它像野火一样迅速蔓延。在陈胜吴广起义之后，更多的人站起来反抗，不断加入到推翻秦朝政权的斗争中。

第十六章 生不逢时——王翦孙辈乱世的悲剧

在秦军与起义军激烈交战的同时,赵高在宫廷内部秘密地进行着一场权力的角逐。为了实现自己独揽大权的野心,赵高已经完全放纵自己,不择手段。由于手上沾满了无辜者的鲜血,他心中不免感到不安,担心有人会在皇帝面前揭露他的罪行。

因此,赵高开始了新一轮的操控行动,试图通过影响秦二世的思想来巩固自己的地位。

秦二世在阅读了李斯的奏书后,对百姓的统治变得更加残酷。他坚持一种荒谬的逻辑:谁从百姓那里征收的税越多,谁就越是贤能的官员;谁杀的人越多,谁就越是忠诚的臣子。这种极端的统治方式导致民间怨声载道,刑罚的残酷和死亡的人数令人震惊。

一时间,"赭衣塞路,囹圄成市",即道路上满是受刑的囚犯,市场上尸体堆积如山,整个国家被恐怖所笼罩。

这时,赵高又向秦二世灌输了一套看似合理实则阴险的论调。他利用秦二世年轻、缺乏经验的特点,建议秦二世应该隐居深宫,减少与大臣们的接触。赵高声称,这样做是为了防止秦二世在大臣们面前暴露自己的不足而被大臣们轻视。他还进一步宣扬说，朝廷中有这么多的贤能之士在辅助，国家必然会治理得越来越好，秦二世只需专注于享乐，一切都有他在背后辅佐，无需忧虑。

赵高的这番话，表面上看似为了秦二世的威严和地位考虑，实际上则是为了自己能够更方便地控制朝政、独揽大权。他巧妙地利用了秦二世的年轻和无知，将其牢牢控制在自己手中，为将来的篡位做好了铺垫。

秦二世本身能力平平，对于能够避免处理朝政的烦琐事务，自然是乐于接受。因此，他从此便深居后宫，沉溺于享乐之中。除了赵高，其他大臣想要见到秦二世变得极为困难。朝廷的事务也因此完全落入了赵高的掌控之中，他成为一个"幕后的皇帝"。

对于秦二世的这种行为，李斯心中颇有不满。然而，他现在连秦二世的面都见不到，只能干着急，无法采取行动。李斯作为秦国的资深大臣，资历深厚，无人能及。他在秦国制度建设上的重要贡献，更是赢得了众人的尊敬。

正是这样的李斯，成了赵高心中的障碍。

虽然赵高现在权倾朝野，但他对李斯仍然心存忌惮。李斯在秦国的地位牢固，难以动摇。他的存在，让赵高感到了巨大的威胁。更让赵高痛恨的是，李斯曾经上书给秦二世，劝他远离奸臣，亲自处理国政。这让赵高对李斯怀恨在心，决心要尽快除掉他。赵高这个人记仇心重，心胸狭窄，阴险狡诈。他一直在寻找机会来打倒李斯,而李斯的不满正好给了他这个机会。一场关于权力和地位的斗争,在秦国的宫廷内部悄然进行。

赵高奸诈地设计了一个针对李斯的圈套,诱使他自愿踏入。他假装关心李斯,说:"函谷关以东的盗贼猖獗,但皇上似乎并不在意,反而更加热衷于征召劳工修建阿房宫,甚至沉溺于那些无关紧要的玩物。我地位低微,说话皇上听不进去,您作为丞相,为何不直言进谏呢?"

李斯听后,叹了口气,无奈地回答:"不是我不愿进谏,而是皇上现在深居简出,不亲自上朝处理政务,我连见他一面都难,又怎么能够进谏呢?"

赵高见机会来了,立刻"真诚"地表示:"您放心,这事就包在我身上。等皇上有空的时候,我立刻通知您。"

李斯还被赵高的"忧国忧民"所感动,却不知道这只是一个陷阱。于是,每当秦二世与宫女们欢宴时,赵高就会立刻通知李斯前来。李斯一接到通知,就急忙赶往宫中求见秦二世。这样的次数一多,秦二世的兴致都被破坏了。秦二世对赵高抱怨说:"我空闲时,丞相不来见我;而每当我和宫女们私下欢聚时,丞相却总是来打扰。丞相是看不起我,还是故意来让我难堪?"

赵高则趁机诬陷说:"您这样想就太危险了。当初在沙丘之谋中,丞相也是参与者之一。现在您已经继承了皇位,而丞相还是丞相,没有得到任何封赏。恐怕丞相心中不满,想要割地

第十六章　生不逢时——王翦孙辈乱世的悲剧

称王。"

不仅如此，赵高还进一步诬陷李斯的儿子李由与起义军有勾结。他对秦二世说："丞相的长子李由是三川郡守，而陈胜等人都是丞相故乡邻县的人。起义军攻打三川时，李由却按兵不动，错失了进攻的机会。而且他们之间还有书信往来，只是没有确凿的证据，我才没有告诉您。"

这一系列的诬陷和阴谋，使李斯陷入了前所未有的危机。而赵高则在一旁冷眼旁观，等待着时机成熟，一举将李斯打倒。

秦二世在听到赵高对李斯的诬陷后，愤怒至极，认为李斯竟然有谋反之意，绝对不能轻易放过。为了彻底揭露李斯的"罪行"，秦二世决定以李斯的儿子李由为切入点，下令全面调查李由与起义军勾结的事宜。

赵高的一系列行动让李斯措手不及，他这才意识到赵高一直在暗中算计他。在看清了赵高的真实面目后，李斯决定要进行反击，与赵高斗争到底。他迅速写下奏章，上书秦二世，激烈地抨击赵高："现在赵高心怀不轨，行为叛逆，就像古代的司城子罕在宋国一样；他的财富积累，也如同田氏在齐国的势力。他兼具了田常、子罕的叛逆之行，还利用陛下的威望，他的野心就像韩安时代的韩玘一样。如果陛下不警惕，我怕他会发动政变！"作为丞相，李斯并非无能之辈。他引用历史上的田常、子罕的例子，暗示赵高也有叛乱的可能，试图唤醒秦二世的警觉。

然而，出乎李斯意料的是，秦二世对赵高的信任坚定不移。

秦二世甚至亲自为赵高辩护说："赵高不会因为安逸而放纵，也不会因为危险而改变初衷。他品行端正，一心向善，忠诚地辅佐我。他因忠诚而得到提升，因信义而保持职位。我认为他是个贤能之人，你却怀疑他，这是为什么呢？"

听到秦二世的这番话，李斯知道自己再多说也无益，心中充满了失望和无奈。他现在后悔莫及，自己当初怎么就选择了这样一个昏庸的皇帝？这场权力斗争的结果似乎已经明朗，而李斯的命运也岌岌可危。

秦二世的严厉批评，无疑是李斯在政治生涯中彻底失势的标志。如果他在这个时候能够认清形势，保持一丝清醒，选择退出政坛，可能还能为自己留下一条生路。只可惜，李斯对权力的渴求太过强烈，他无法摆脱对至高无上地位的迷恋。为了保住这来之不易的权力，他不得不向秦二世低头，尽管他内心充满了无奈和苦涩。如果他能预见自己的结局，是否会对今天的妥协感到更加懊悔呢？

李斯与赵高之间的关系已经到了无法修复的地步，他们彻底决裂，互相攻击。在这场权力斗争中，赵高显然比李斯幸运得多，他有秦二世作为坚强的后盾，而李斯则注定是一个孤独的失败者。

随着局势的日益恶化，李斯感到非常焦虑。他深知，如果不采取行动，国家将陷入无法挽回的境地。于是，他找到了右丞相冯去疾和将军冯劫，希望联合他们一起向秦二世进谏，请

第十六章 生不逢时——王翦孙辈乱世的悲剧

求减轻赋税和劳役,停止修建阿房宫。谁料,这三个人的劝谏却彻底激怒了秦二世。他认为李斯等人是在挑战自己的权威。

赵高这个善于抓住机会的人,此时更是火上浇油。他趁机在秦二世面前煽动,使得秦二世在愤怒之下下令将李斯、冯去疾、冯劫三人逮捕审问。冯去疾和冯劫无法忍受这样的侮辱,选择在狱中含恨自尽。而李斯,这个为了权力可以不顾一切的人,不愿意轻易自杀。然而,他不知道的是,这次秦二世已经下定决心要除掉他,没有打算再给他生还的机会。于是,秦二世派赵高审理此案,指控李斯和他的儿子李由谋反。这场围绕权力和地位的斗争,注定了以李斯的悲剧告终。

李斯对秦二世抱有的最后一线希望,最终证明是他政治生涯中最为灾难性的误判。这个错误导致他落入了赵高的掌控之中,而赵高的残酷手段远非常人所能想象。在赵高的严刑拷打下,李斯被折磨得遍体鳞伤,曾经的尊贵和荣耀转瞬变成了无尽的痛苦和羞辱。更甚的是,赵高还逮捕了李斯的家族成员和宾客,使李斯陷入孤立无援的境地。

习惯了优渥生活的李斯,何曾遭受过这样的折磨?他试图忍受这些痛苦,但身体的剧痛和精神的折磨让他难以承受。在赵高的威胁和利诱下,他被迫承认了谋反的罪名,这无疑是他政治生涯的终结。

李斯回想起自己曾经通过《谏逐客书》扭转乾坤的辉煌时刻,心中重新燃起了一丝希望。他认为,只要自己再写一篇文章，感动秦二世，或许还能为自己争取到一线生机。于是，他忍受着身体的剧痛，在狱中奋笔疾书，写下了一篇自白书。这篇自白书实际上是他列举自己为秦国所做的贡献，试图以此打动秦二世，争取生存的机会。然而，命运再次对他开了一个残酷的玩笑。

这篇自白书并没有如他所愿地送到秦二世手中，而是落入了赵高的手中。赵高毫不犹豫地销毁了奏书，并且嘲讽道："囚犯岂能上书！"这一行为彻底粉碎了李斯的希望。

就在这时，传来了李斯的儿子李由在前线战死的消息。李由的牺牲虽然洗清了他与盗匪勾结的罪名，却无法阻止赵高的阴谋。赵高的目的非常明确，就是要置李斯于死地。他不在乎所谓的真相，在那个时代的秦国，"正义"二字已经不复存在。李斯的悲剧，不仅是他个人的悲剧，更是那个时代政治斗争残酷性的写照。

秦二世二年（前208），李斯终究没有逃脱命运的安排，遭遇了他生命中最悲惨的结局。他遭受了秦朝最为严酷的刑罚：具五刑。这种刑罚包括在脸上刺字（墨）、割去鼻子（劓）、砍去双脚（刖）、剥夺生育能力（宫）以及死刑（辟）。这五种刑罚的组合，是对李斯生前行为的极端否定和惩罚。

李斯的悲剧人生就此结束。他的死亡虽然令人感到震惊和遗憾，但他并非完全无辜。为了巩固个人的权力，他不惜吹捧专制，甚至提出"焚书坑儒"的政策，企图限制人们的思想自由。

第十六章 生不逢时——王翦孙辈乱世的悲剧

在"沙丘之谋"中,他违背了自己的良知,与赵高、胡亥等人合谋,谋害公子扶苏和蒙恬。秦二世上台后,他继续为了保住自己的官位和权力,不惜奉承和迎合。直到生命的最后一刻,他仍然沉迷于权力的争夺,未能给自己一个体面的结局。

客观来看,李斯的行为确实不值得同情。他对秦国的混乱和衰败负有不可推卸的责任。他的悲剧不仅是个人的失败,也是那个时代政治斗争残酷性的写照。他的故事提醒我们,过度追求权力和欲望往往会导致毁灭性的后果,而坚守良知和道德底线才是人生最重要的原则。

彼时,尽管陈胜最终遭遇了背叛和孤立,张楚政权也陷入分崩离析的状态,但不能否认,在反抗秦朝的起义中,张楚政权发挥了极其重要的作用。陈胜死后,反抗秦朝的军队陷入了没有领导的混乱状态。尽管他们人数众多,却像是一盘散沙,各自为战,甚至陷入了内斗,导致大量的兵力损失。比如,赵王武臣的部将李良发动叛乱,不仅杀害了武臣,还向章邯投降,这无疑给起义军带来了巨大的打击。同时,章邯的英勇表现令人瞩目,起义军在他的强烈攻势下显得无力抵抗。为了继续反抗秦朝的事业,需要一个新的政权来领导起义军,并结束他们各自为战的混乱状态。

这个重任,自然而然地落在了楚政权的肩上。尽管陈胜已经去世,但他所创立的张楚政权得以延续,为反抗秦朝的事业保留了火种。

在陈胜失败的时候,他的部将召平感到非常忧虑,迫切希望有一个强有力的人物能够站出来领导。他的目光转向了起义军的首领之一的项梁。项梁是楚将项燕的儿子,绝非普通人。当年,王翦率领六十万大军攻打楚国,项燕英勇战死,楚国随之灭亡。项梁在乱世中带着侄子项羽逃到吴中,过上了隐姓埋名的生活。

项羽自幼身体强壮,力大无穷,项梁对这个侄子寄予了厚望,精心教导他剑法和兵法,希望有一天能够复兴楚国。这段历史背景,为项梁后来成为反抗秦朝起义的领袖奠定了坚实的基础。

大泽乡的起义引发了反抗的火焰,并迅速扩散到吴中地区。项梁迅速抓住历史的机遇,毫不犹豫地举起了反抗的大旗。他果断地推翻会稽太守殷通,自任太守,并提拔他的侄子项羽为副将。接着,他招募了8000名精兵,准备在这个动荡的时代中大展身手。

在起义军的领袖中,项梁凭借其军事世家的背景和卓越的军事才能,使他的部队从一开始就展现出了正规军的风貌。他的部队内部设有校尉、候、司马等军事职位,纪律严明,士兵训练有素,战斗力极强,是起义军中的精英部队。

当项梁忙于招募士兵、增强实力时,陈胜的部将召平亲自来访。他声称奉陈胜之命,任命项梁为张楚政权的上柱国。这一行动并非无的放矢,而是召平经过深思熟虑的结果。陈胜起

第十六章 生不逢时——王翦孙辈乱世的悲剧

义时，曾以扶苏和项燕的名义号召，而项梁作为项燕的儿子，无论是身份还是声望，都是领导这场起义的理想人选。项梁得知召平的意图后，既感到意外又看到了机会。他高兴地接受了上柱国的职位，并亲自带领8000精兵，渡过长江，决心与秦军决一胜负。

作为前楚国贵族和名将项燕的儿子，项梁的身份和背景为他赢得了广泛的尊重。上柱国的身份进一步增强了他的号召力，许多分散的起义军部队纷纷投靠他。其中，陈婴和英布领导的两支强大的起义军也加入了项梁的阵营。这些大量的追随者不仅扩大了项梁部队的规模，而且为他未来的辉煌成就奠定了坚实的基础。

陈婴是东阳地区的前官员，因其公正无私和廉洁自律的品格，在东阳人民中享有极高的声誉。在那个动荡的时代，东阳也卷入了起义的洪流。当地县令在一场暴动中被杀，两万名愤怒的民众一致推举陈婴作为他们的领袖，并有意让他称王。但陈婴并不是那种追求权力的人。他清楚地认识到，单凭自己的力量难以承担推翻秦朝的重任。因此，他坚决拒绝了民众的提议，而是选择支持项梁和项羽这对叔侄。他认为，只有出身于楚国军事世家的项梁和项羽，才拥有领导这场伟大斗争所需的才能和背景。

陈婴的观点得到了人们的广泛认同，于是这支起义军便大规模地投奔了项梁。

英布，也是秦末起义中的一位杰出人物。他早年因犯罪被判处黥刑，并被送往骊山做苦工。然而，英布并非平庸之辈，他有着远大的理想和抱负，不愿在骊山度过余生。于是，他秘密地与囚犯中的英勇人物建立了联系，依靠这些兄弟的帮助，最终找到了逃脱的机会。他逃到长江地区，成为一名强盗，并逐渐将他的队伍扩大到数千人。

当秦末的起义之火点燃时，番阳县令吴芮也感到了内心的激动，渴望在这个历史转折点上有所作为。英布得知这一情况后，便带领他的数千名部下前去拜访。吴芮对英布的勇气和才能给予了高度评价，甚至将自己的女儿嫁给了他，并让他指挥部队共同对抗秦军。英布在与秦军的战斗中屡战屡胜。当他得知项梁已经率领部队渡过长江时，他毫不犹豫地带领部队加入了项梁，决心在更广阔的舞台上展现自己的才华。

随着陈婴、英布等新力量的加入，项梁的军队迅速增长，很快达到了数万人。项梁对秦朝既有个人恩怨也有国家层面的仇恨，因此在反抗秦朝的斗争中，他比其他起义军更加积极和主动。当其他起义军都在避免与章邯领导的秦军正面交锋时，只有项梁敢于直面挑战，显示出非凡的勇气和坚定的决心。

在栗县，双方进行了一场激烈的战斗，战场上硝烟弥漫，战鼓震天。战争的残酷之处就在于，胜负往往在一瞬间决定。最终，这场战斗的结果表明，章邯的秦军在战斗力上更胜一筹，项梁战败，他的部将余樊君在战斗中英勇牺牲。

第十六章 生不逢时——王翦孙辈乱世的悲剧

在另一个战场上,项梁却取得了一次重要的胜利。他派遣项羽带领一支精兵攻打襄城。项羽在这场战斗中展现了卓越的军事才能,他迅速而果断地攻下了城池。这场胜利不仅为项梁恢复了声誉,也让项羽在起义军中声名大噪。但胜利的背后往往隐藏着残酷的真相。项羽在攻下城池后,下令将城中的士兵和平民全部处死,这一行为揭示了他野蛮和残忍的一面,也让人们对他的未来感到担忧。

在与起义军的对决中,有一位秦将值得特别关注,此人名为王离。据《史记·白起王翦列传》记载:"秦二世之时,王翦及其子贲皆已死,而又灭蒙氏。陈胜之反秦,秦使王翦之孙王离击赵,围赵王及张耳钜鹿城。或曰:'王离,秦之名将也。今将强秦之兵,攻新造之赵,举之必矣。'客曰:'不然。夫为将三世者必败。必败者何也?必其所杀伐多矣,其后受不其祥。今王离已三世将矣。'居无何,项羽救赵,击秦军,果虏王离,王离军遂降诸侯。"

秦二世统治时期,秦国的两位著名将领王翦和他的儿子王贲都已经去世,而另一位重要的将领蒙恬也因为被诬陷而遭到了处决。当陈胜起义反抗秦朝的暴政时,秦二世任命了王翦的孙子王离作为将领,让他带领军队去攻打赵国,并将赵王和张耳围困在钜鹿城。

秦军运用了巧妙的工程技术,建造了一条甬道延伸至黄河,目的是保障王离指挥的军队能够得到充足的补给,以维持对钜鹿城的激烈攻击。钜鹿城在秦军的猛烈攻势下岌岌可危，城内的粮食耗尽，兵力日渐衰减，守将张耳焦急万分，多次派遣使者向盟友陈余请求援助。然而，陈余面对着艰难的选择，考虑到自己兵力不足，难以与强大的秦军相抗衡，因此犹豫不决，未能及时采取行动，使得援助问题一直未能得到解决。

有人认为："王离是秦国的著名将领，现在他带领着秦国的精兵攻打新成立的赵国，看来胜利在望，攻下赵国是必然的。"

但是，有一位过路的人提出了不同的看法："这种看法是错误的。一般来说，军事世家到了第三代往往难以逃脱衰败的命运。为什么呢？因为家族中杀戮太多，后代必然会遭受不幸的报应。现在王离已经是王家的第三代将领，恐怕他难逃这一命运。"

这位路人竟然一语中的。

王离与张耳之间的战斗如同一场持久的较量，时间悄然流逝，转眼间已经过去了数月。正当双方僵持不下之时，转折点出现了。项羽带领着他的部队如同神兵天降，突袭了章邯的补给线，切断了秦军的补给甬道。随后对围攻钜鹿的秦军发起了猛烈的攻击，最终俘虏了王离。面对着绝境，王离别无选择，只能选择投降。

至此，与王翦相关的家族成员，逐渐消失在历史文献的记载中。

王翦年表

秦王政十一年（前236），王翦攻打赵国，占领阏与及九城。

秦王政十八年（前229），秦大举兴兵攻赵，王翦统率上地的军队，攻占了井陉。

秦王政十九年（前228），王翦占领了赵国东阳地区，擒获了赵王。

秦王政二十年（前227），荆轲刺秦失败后，王翦率军攻打燕国，秦军在易水西面大败燕军。

秦王政二十一年（前226），王翦率军大败燕军，攻占燕国的蓟城，得太子丹首级，燕王喜逃至辽东。

秦王政二十三年（前224），王翦率军攻打楚国，攻占陈县往南直至平舆县的土地，俘虏楚王负刍。

秦王政二十四年（前223），王翦攻楚，大败楚军，昌平君战死，项燕自杀，平定楚国。

秦王政二十五年（前222），王翦平定楚国长江以南一带，降服越族首领，置会稽郡。

秦王政二十六年（前221），秦尽并天下，王翦功不可没，名声流传于后世。

后 记

在中国历史上，王翦不仅仅是一位杰出的将领，更是中国历史上第一个统一的封建王朝——秦朝的重要缔造者之一。他凭借自身的军事才能和政治智慧，帮助秦始皇实现了前所未有的统一大业。这期间，王翦并没有因为功成名就而居功自傲，而是在完成统一后选择急流勇退，这种淡泊名利的精神，更是为后世所称道。

在王翦的军事生涯中，最为人称道的莫过于他灭赵、灭燕、灭楚的三大战役。这三大战役，不仅展示了王翦卓越的军事才能，更体现出他在战略上的远见卓识和战术上的灵活多变。

灭赵之战，王翦采用了"以逸待劳"的战术，利用赵国内部的矛盾，在名将李牧被杀、赵军士气大挫的背景下，率军大举进攻，一举攻破赵国的都城邯郸，灭亡赵国。此战，王翦不仅展现了他高超的智谋，更显示出他对人性深刻的洞察力。

灭燕之战，王翦在易水河畔率领秦军与燕军展开了激战，凭借着强大的军力和出色的指挥能力，他成功击败燕军，灭亡燕国。此战，王翦不仅展现了他出色的指挥才能，更彰显出冷静自持、有勇有谋的英雄气概。

而灭楚之战，则是王翦军事生涯中的巅峰时刻。面对强大的楚国，王翦并没有急于求成，而是采取"疲楚"策略，通过长期的消耗战，逐渐削弱楚军的战斗力。然后集中优势兵力，对楚军发动猛烈的攻击，最终成功灭亡楚国。此战，王翦不仅表现出卓越的战略眼光，更显示出他对战争节奏的精准把控。

除了军事上的成就外，王翦在政治上也有着极高的智慧。他深知"伴君如伴虎"的道理，因此在功成名就之后，选择急流勇退，向秦王请辞归乡。这一举动，不仅保全了他的晚节，更使他在历史上留下"功成身退"的美名。

王翦的一生，是战斗的一生，也是智慧的一生。他用自己的行动诠释了什么是真正的英雄——不仅要有过人的勇气和武艺，更要有超凡的智慧和远见。他的军事思想和战略战术对后世的军事家产生了深远的影响。

在历史的长河中，王翦的形象或许会被时间冲淡。这部传记，是对这位伟大将领的致敬，希望这部作品，能够让更多人了解王翦，了解这位战国时期的杰出人物。

竹逸